브레인 샤워
BRAIN SHOWER

브레인 샤워

새로운 생각의 시작
BRAIN SHOWER 노경원 지음

Winner's Secret Library·위너스북
WINNER'S BOOK

 **들어가는 글**

몇 년 전 출판사에서 '브레인 샤워'라는 가제假題로 필자에게 고정관념
을 씻어 낼 방법에 관한 책을 써 볼 의향이 있냐고 물었다. 필자의 저서
《생각 3.0》을 보고, 필자와 제목이 잘 맞을 것 같다는 것이었다. 아주
매력적인 제목이었다. '브레인워시brainwash, 세뇌'라는 말이 잠시 떠올랐
지만 달리 생각해 보기로 했다. 당시 구글링을 해도 '브레인 샤워'는 거
의 나오지 않았다. 영어를 모국어로 사용하는 사람들에게 물어도 못 들
어 봤다고 했다. 그래서 '브레인 샤워'에 대해 필자 나름대로 정의를 내
리기로 했다.

우리는 힘든 하루 일을 마치고 집에 돌아와 잠들기 전에 샤워를 하며
하루의 피로를 푼다. 자신만의 독특한 샤워 방법이 있을 수 있지만 먼
지 묻은 옷을 벗고, 몸을 씻고, 새로 옷을 입는 순서에서는 크게 벗어날

수 없을 것이다. 옷을 입는다는 것은 예의범절을 배우고 교육을 받는 것이다. 우리는 옷을 입는 것에 관해서는 어떤 옷을 입어라, 어떻게 입어라와 같은 교육을 많이 받는다. 하지만 옷을 벗는 방법이나 샤워하는 방법에 대해서는 배우지 않고 배울 필요성도 크게 못 느끼며 산다. 특히 고정관념을 벗기 위해 우리의 두뇌를 샤워해야 한다는 생각은 더더욱 못 하며 산다.

그래, 나도 내 머릿속에 찌든 생각의 찌꺼기를 씻어 버리고 싶다. 어떻게 하면 될까? 여러 가지 방안을 궁리하고 다른 사람의 생각도 들어 보았다. 지금까지 읽었던 책들의 저자에게도 상상 속에서 물어보았다.

먼저 내 머릿속에 찌든 고정관념이라는 생각의 찌꺼기가 무엇인지 생각해 보았다. 자기중심적인 사고, 자신을 특별하게 보는 시각, 다른 사람이나 사회를 이해하지 못해도 이해하려 하지 않는 태도, 단편적이고 피상적으로 알고도 만족해 버리는 마음, 잘못된 것을 상식으로 아는 지식, 변화를 따라가지 못하고 과거에 머무른 생각과 같은 것들이 그 찌꺼기이다. 왜 이런 찌꺼기가 생길까? 사람이기 때문에 생물학적으로 그렇게 될 수밖에 없는 경우도 있고, 우리가 받아 온 교육이나 사회화 과정에서 그렇게 되는 수도 있다. 노암 촘스키도 사람은 '교육'으로 '세뇌' 되기 쉽다고 생각했다. 그렇다면 어떻게 해야 그 찌꺼기를 없앨 수 있는지 생각해 보았다. 위대한 인생의 선배들이 준 지혜 하나하나를 활용한다면 우리는 그 찌꺼기를 없앨 수 있을 것이다.

내가 내 두뇌를 마음대로 할 수 있다면 어떻게 할 것인가? 인공지능AI
을 만든다면 어떻게 학습하고 판단하도록 할 것인가? 결국은 같은 문
제라는 생각이 들었다. 가능한 한 많은 정보를 쌓도록 하고 그 정보에
따라 예측이나 평가를 하여 의사 결정을 한다. 후에 그 결과에 따라 선
택을 강화하거나 잘못된 선택을 반복하지 않도록 교훈을 얻는다. 정보
를 받아들이는 방법, 예측하는 방법, 의사 결정을 하는 방법, 결과를 받
아들이는 방법 등을 정리할 필요가 있다.

이 책은 다섯 단계로 구성된다.

1단계는 자기 자신을 세상의 중심으로 여길 수밖에 없는 '나'를 알아
가는 과정이다. 자신을 세상의 중심으로 보는 것은 생물학적인 본능이
고 인간의 본질적 욕망이어서 사람 대부분은 '나'를 우상으로 만들며
살아간다. 내가 세상의 중심이라는 우상에 빠지지 않기 위해서는 어떻
게 해야 할까?

2단계는 '나'가 아닌 '너'를 어떻게 이해하고, 어떻게 대해야 하는가를
배우는 과정이다. '나'를 세상의 중심으로 생각하는 것이 생물학적 본
능이라고 하면, 마찬가지로 '너'를 무시하는 것도 생물학적 본능이다.
'나'가 가진 시각을 '너'도 똑같이 가지고, '나'가 가진 한계를 '너'도 가
진다는 이해에서 출발한다. 이러한 이해를 바탕으로 세상이 어떻게 움

직이는지를 좀 더 알 수 있고, 어떻게 행동해야 하는지도 배울 수 있다.

3단계는 '나'와 '너'를 넘어서 '우리'를 알아 가는 과정이다. '나'와 '너'가 따로 떨어진 존재가 아니다. '나'와 '너', 그리고 세상을 둘러싼 환경의 작은 물질 하나까지도 연결되기 때문에 사람뿐만이 아니라 세상의 모든 것이 '우리'가 된다. 그래서 어느 하나도 소홀히 할 수 없다. 아무리 어려운 일이라도 하나씩 실타래를 풀다 보면 언젠가 해결할 수 있다는 희망을 가질 수 있다.

4단계는 '변화'의 본질을 알아 가는 과정이다. '우리'는 고정된 시간, 공간 속에 존재하는 것이 아니다. '우리'는 변화 속에 있다. 아니 '환경'이라는 의미에서 변화를 이야기하는 것으로는 부족하다. '우리'를 포함한 모든 것이 변화했고, 변화하며, 변화할 것이다.

5단계는 모든 사람이, 아니 적어도 '나' 자신이 1~4단계를 항상 생각하고 살아왔으면 갖지 않았을 고정관념과 고정관념에 빠지지 않기 위한 테크닉을 소개하는 과정이다. 1~5단계에 나와 있지만 우리는 잘못 알려진 상식과 지식 속에 노출되어 있다. 이 책에도 그런 잘못이 있을 수 있다. 하지만 적어도 그러한 잘못을 발견하고 고치려는 자세를 지속적으로 갖추어야 하지 않을까? 이 책에 잘못된 부분이 있거나 필자에게 주고 싶은 생각이 있으면 이 주소(awiseman21@daum.net)로 이메일을 보내 주기 바란다.

이제 두뇌에 입혀진 옷을 벗고, 고정관념이라는 묵은 때를 벗겨 낼 수 있도록 시원하게 브레인 샤워를 즐겨 보자.

목차

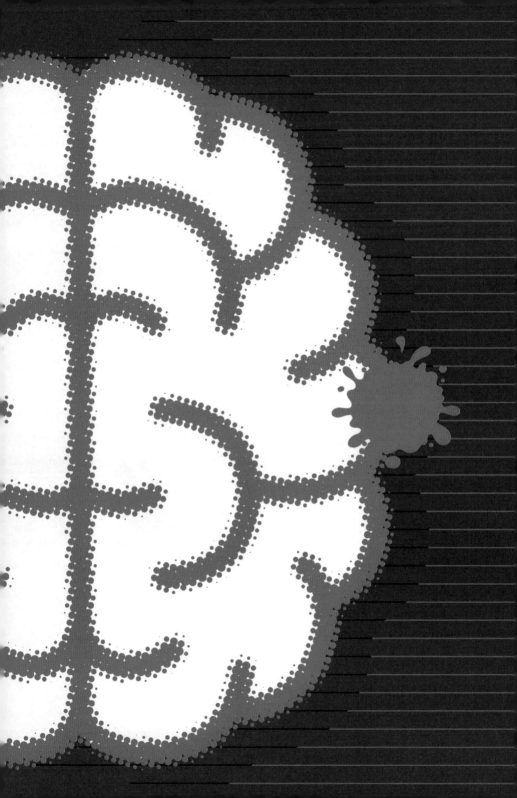

나
자 신 을
알 라

샤워 1단계

우리는 우리 자신을 우상으로 만들며 산다. 자신을 중심으로 세상이 돈다고 생각한다. 이렇게 생각하는 것은 자연스럽다. 생물학적으로 우리는 자신이 세상의 중심이라고 당연하게 느끼기 때문이다. 하지만 고정관념에서 벗어나기 위해서는 먼저 자신의 우상에서 벗어나야 한다. 플라톤이 말한 '동굴의 비유' 속 죄수의 자리에서 벗어나야 한다. "너 자신을 알라"가 그 명령이다. "너 자신을 알라"는 철학의 창시자인 탈레스가 한 말로, 델포이 신전으로 올라가는 입구에 쓰여 있었다. 이 경구는 소크라테스가 만든 말로 알려질 정도로, 소크라테스가 자주 사용했다. 소크라테스의 친구인 카이레폰이 델포이 신전에서 소크라테스보다 더 현명한 사람은 없다는 신탁을 받았다고 한다. 사람 중에 자기 자신을 가장 잘 알았던 사람이 소크라테스였기 때문에 그가 가장 현명한 사람이라고 인정받은 것은 아닐까? 이것은 자신을 알기가 어렵다는 것을 역설적으로 말해 준다.

세상의 중심에서 사랑을 외치다

우리는 가끔 세계 7대륙 최고봉이나 히말라야 14좌를 정복한 사람의 이야기를 언론에서 듣는다. 또한 북극점과 남극점, 세계에서 가장 높은 에베레스트 정상, 가장 깊은 해구를 정복하겠다는 사람의 도전을 접하면서 우리도 그런 것을 버킷 리스트에 담고 싶어 하기도 한다. 세계에서 가장 높은 곳이나 가장 깊은 곳에 대해서는 객관적으로 말할 수 있다. 그래서 그 장소도 머릿속에 저절로 떠오른다.

하지만 "세상의 중심에서 사랑을 외치다"라는 말을 듣는다면, 당신은 세상의 중심이라고 말할 수 있는 특정한 장소가 떠오르는가? 물리적으로는 맨틀과 외핵을 지나 내핵의 한가운데가 세상의 중심이라고 할 수 있다. 그럼 지표면에서의 중심은 어디인가? 위도와 경도가 모두 0도인 곳인가?

어떤 사람은 사람의 중심을 배꼽으로 보며, 세상의 중심을 세상의 배꼽이라고 한다. 잉카 문명부터 사용하던 케추아어Quechua로 세상의 배꼽, '땅의 한가운데'라는 뜻을 가진 잉카제국의 수도였던 페루의 쿠스코 Cuzco를 말 그대로 세상의 중심으로 보는 사람이 있다.

고대 그리스 신화에 따르면 델포이 아폴론 신전이 있는 곳이 바로 세상의 중심이다. 제우스는 세계의 동쪽과 서쪽 끝에서 독수리를 날려 두 독수리가 만나는 지점을 가이아(지구)의 배꼽이라 하고, 이곳에

옴파로스Ompharos(세상의 중심)라는 돌을 세웠다. 델포이 신전 벽면에는 세 가지 격언delphic maxims, "Gnothi seauton(너 자신을 알라)"와 "Meden agan(무슨 일이든 지나치게 하지 말라)" 그리고 "Eggua para d'ate(서약에는 화가 따르기 쉽다)"가 새겨져 있다. 그중 가장 유명한 교훈이 "너 자신을 알라"이다.

많은 사람이 자기중심적으로 생각하고 생활한다. 무의식적으로 자신을 세상의 중심으로 여긴다. 어떻게 보면 이것은 자연적인 현상이다. 나에게 가까운 것은 잘 보이고, 잘 들리지만 먼 것은 그렇지 않다. 사람은 보고 듣고 맡고 만지고 경험하는 모든 것에 영향을 받고, 가까운 곳에 영향을 주며 산다. 하지만 자기 자신이 세상의 중심도 아닌데 모든 것을 자기중심적으로 생각하고 판단하면 실수할 수밖에 없다.

그리스인이 세상의 중심이라고 여긴 델포이 신전에 "너 자신을 알라"라는 격언을 새겨 놓은 것은 의미가 깊다고 생각한다. 세상의 중심이라고 여기는, 내가 있는 곳에서 먼저 나 자신을 알아야 한다는 비유로 다가온다.

일본어 오레사마(おれさま, 俺様)는 '나'를 뜻하는 '오레(おれ, 俺)'에 '님'을 뜻하는 '사마(さま, 様)'를 붙인 것으로 자신을 높이며 과시하는 말이다. 우리나라에서도 '나님'을 우스갯소리로 한다. 우치다 타츠루는 《하류지향》에서 일본인이 오레사마가 되어 가고 있다며, 이들은 "자기 기준을 절대화하고 자기중심적 가치관이나 행동 패턴"을 강화하는 경향이 있

다고 했다. 일본인뿐만 아니라 우리나라 사람도 그렇다. 자기를 객관화하지 못하는 모든 사람이 이렇게 되어 간다.

호주 사람은 울루루Uluru(에어즈 록)를 호주의 배꼽 또는 세상의 배꼽이라고 한다. 영화 〈세상의 중심에서 사랑을 외치다〉에서 마츠모토 사쿠타로松本朔太郎는 첫사랑 히로세 아키廣瀬亜紀가 꿈꿔 오던 호주의 울루루에 아키의 유골을 뿌려 준다. 하지만 울루루가 세상의 중심이라는 데 동의하지 않는 사람도 많을 것이다.

　종교인 중 많은 사람은 유대교, 기독교, 이슬람교의 성지인 예루살렘을 세상의 중심이라고 생각할 것이고, 중국인은 중국中國이 세상의 중심이라고 생각할 것이다. 물론 우리나라 사람은 무의식중에 한반도가 세상의 중심이라고 생각하며 살 것이다.

　몇 년 전에 〈1박2일〉에서 한반도의 중심, 양구楊口를 소개한 적이 있다. 통일부 대학생 기자단이 "한반도의 중심에서 통일을 외치다"라는 글을 올리기도 했다. 대한민국의 동서남북 4극점을 기준으로 동경 128도 02분 02.5초, 북위 38도 03분 37.5초인 강원도 양구군 남면 국토정중앙로 일대가 공식적으로 국토 정중앙 지점이다.

시인 정세훈은 몸의 중심은 아픈 곳이라고 한다. 또 시인 박노해는 아픈 곳이 몸의 중심이 되는 것처럼 "총구 앞에 인간의 존엄성이 짓밟히고, 양심과 정의와 아이들이 학살되는 곳"이 세상의 중심이라고 말한다. 세상의 중심에서 사랑을 외치고 싶다면 우리 사회의 아픈 곳에 마음을 두고 찾아가서 우리의 몸짓과 마음 씀씀이로 상처를 싸매어 주어야 할 것 같다.

돌고 도는 세상의 중심

삼각형을 비롯한 도형의 무게중심을 찾는 문제를 풀기도 하고, 접시와 같은 물건의 무게중심을 찾아서 접시돌리기도 해 보았을 것이다. 지구를 중심으로 우주가 돌아가는지, 태양을 중심으로 태양계가 돌아가는지와 같이 어떤 것을 중심으로 세상이 돌아가는가를 통해서도 세상의 중심을 찾을 수 있을 것이다.

아리스타르코스Aristarchos(BC 320~BC 230)는 아리스토텔레스의 우주론을 뒤집어 태양중심설을 제시했다. 지구는 하루에 1회 자전하며, 1년에 1

회 태양을 중심으로 공전한다고 주장했다. 먼저 아리스타르코스는 개기월식 때 달에 나타나는 지구의 그림자로 달의 크기를 지구의 약 4분의 1이라고 계산했다. 달이 반달로 보일 때 태양-달-지구가 직각을 이룬다는 사실과 삼각비로 지구에서 태양까지의 거리가 지구에서 달까지의 거리의 20배가 된다고 계산했다. 아리스타르코스는 반달일 때 달-지구-태양이 이루는 각도가 약 89도 50분인데 이를 87도로 잘못 측정했다.

실제 거리의 비는 약 400배이다. 지구에서 본 태양과 달의 크기가 거의 같기 때문에 태양의 크기는 달의 400배, 지구의 100배(실제는 109배) 정도이다. 아리스타르코스의 계산에 따르면 태양은 달의 20배, 지구의 5배로 나왔다. 따라서 지구가 자기보다 더 큰 태양을 회전시킬 수 없다는 것이 하나의 태양중심설 근거였다. 또 다른 근거는 지구를 중심으로 행성들이 돌고 있다면 지구에서 행성까지의 거리 변화가 없기에 행성의 위치와 관계없이 행성의 밝기가 거의 변하지 않아야 하는데 그렇지 않다는 것이다.

지구중심설은 지구가 태양 주위를 돈다면 위치에 따라 별자리의 크기가 달라져야 하는데 그렇지 않다며 태양중심설을 배척했다. 당시의 계측 능력으로는 수억 광년 떨어진 별자리의 크기 변화를 계측할 수 없었다. 결론적으로 그때 지구중심설이 설명하지 못하는 몇 가지 사실이 태양중심설에 부합한다고 해서 지구 중심의 사고를 깰 수 있는 정도까지 이르지 못했다. 이에 따라 망원경이 발명되고, 많은 천체 관측 결과가 축적되어 코페르니쿠스의 지동설이 나오기 전까지는 프톨레마이오스가 정립한 지구중심설이 학문의 중심적 위치를 차지했다.

세상의 물리적 중심이 아니라 문명, 철학, 과학, 기술, 문화의 중심은 어떤가? 지금 세계는 어디를 중심으로 도는가? 역사적으로 세계의 중심, 문명의 중심은 변해 왔다. 이집트 등의 4대 문명 발생지, 그리스의 아테네, 이탈리아의 로마, 프랑스의 파리, 영국의 런던, 동서로 나뉘어 경쟁하던 냉전 시대에는 미국과 소련이 세계의 중심지 역할을 하기도 했다. 모든 길은 로마로 통한다고 한 로마도, 해가 지지 않는 나라라고 불리던 영국도 그 중심적 위치를 내놓았다.

물리학의 중심도 무거운 물체가 빨리 떨어진다는 아리스토텔레스의 운동론이 갈릴레이에 의해 무너졌고, 뉴턴의 물리학을 거쳐 아인슈타인의 상대성이론과 양자역학 등으로 중심이 옮겨 왔다. 세상의 중심은 돌고 돈다.

오늘날에는 많은 사람이 서구, 특히 미국 중심의 사고방식으로 산다. 또한 미국을 세상의 중심이라고 생각하기도 한다. 미국의 경제 중심지는 뉴욕, 정치 중심지는 워싱턴 D.C. 등 생각에 따라 중심지도 달라진다. 미국의 지리적인 중심도 한반도의 중심을 양구로 한 것과 같이 하와이와 알래스카 등을 포함한 중심점, 대륙만 생각하여 계산한 중심점, 면적을 고려한 무게 중심점 등 여러 가지가 있다. 흥미로운 것은 미국의 인구 중심지이다. 미국통계국US Census Bureau은 인구조사 결과를 바탕으로 미국의 인구 중심지를 발표하는데, 중심이 서남쪽으로 계속 이동하고 있다. 태어나고 죽은 사람, 이민을 오고 간 사람, 이사한 사람 등 사람들이 움직이는 모습이 반영된 것이다. 살기 좋은 지역의 인구가 늘어난다는 주장에서 "발로 하는 투표"라는 개념이 있는데, 아래 그림은 미국이 과거에는 북동부가 살기 좋았다가 이제 남서부가 더 살기 좋게 변하는 것을 나타내는 것으로 보인다. 우리나라의 인구 중심지는 어떻게 변하는가? 광복 이후를 생각해 보면 수도권과 영남 해안 지역으로 인구가 몰려들었다가 최근 수도권 이탈 등이 시작하는 양상이다. 세종시 건설 등에 따른 충청권의 인구가 늘어나는 현상도 나타난다. 시간에 따른 한국 인구 중심지의 이동을 그려 보면 많은 것을 알 수 있을 것이다.

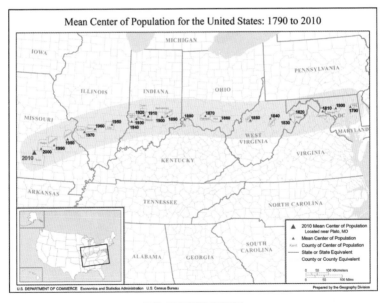

출처 : 미국통계국 홈페이지

나는
생각보다
이성적이지
않다

03

나는 이성적이다

역사적으로 다양한 철학의 분야에서 이성과 감성이 무엇이고, 서로 어떤 관련이 있으며, 어떤 것이 우리 삶에 더 많은 영향을 미치는가와 같은 문제를 논의해 왔다. 이성과 감성을 어떻게 정의하느냐에 따라 다르지만 사람은 대부분 자신을 이성적인 사람이라고 생각한다. 이는 도덕, 윤리 등의 학교 교육에서 인간은 이성적 동물이라고 배우기 때문일 수있다. 하지만 실제 자신을 더 많이 좌우하는 것이 이성인가, 감성인가

곰곰이 생각해 보자. 나의 생각과 행동에 논리가 더 많은 영향을 미치는지 감정이나 심리가 더 영향을 미치는지 생각해 볼 문제이다.

물론 사람에게는 이성적인 면과 감성적인 면 두 가지가 다 있다. 100대 0으로 어느 하나에 의해서만 영향을 받는 사람은 없다. 사람에 따라 영향을 받는 비율이 다르겠지만 두 가지 중에 무엇이 더 큰 영향을 미치는지를 한 번 생각해 보자.

사람에게는 토끼와 거북이 또는 건달과 신사라는 두 가지 반응 시스템이 함께 작동한다. 노벨 경제학상을 받은 대니얼 카너먼Daniel Kahneman은 이를 시스템1과 시스템2로 구분하기도 한다. 토끼, 건달, 또는 시스템1은 감성이나 직관과 같이 빨리 반응하는 시스템이지만, 거북이, 신사, 또는 시스템2는 이성이나 숙고와 같이 천천히 반응하는 시스템이다. 이성은 거북이 시스템이기 때문에 이성을 빨리 작동하게 하기 위해서는 반복 훈련이 필요하다. 반복 훈련을 하면 직관화가 되어 토끼 시스템으로 전환되는데, 반응에 소요되는 시간과 에너지를 절약할 수 있다.

어떤 때는 빨리, 어떤 때는 돌다리도 두드려 보고 건넌다는 심정으로 느리게 반응해야 할 필요가 있다. 처음 건너가는 돌다리는 두드려 보고 건너는 것이 필요하지만, 매일 수차례 건너다니는 돌다리를 건널 때마다 두드려 보는 것은 시간 낭비이다.

이성이 직관화 또는 감성화한다는 것은 자동화해 반응이 빨라져서 진화의 산물인 진짜 감성보다 먼저 반응하고 움직이는 것을 의미한다. 따라서 어떻게 보면 이성과 직관, 감성은 다른 두뇌 작용의 문제가 아니라 속도의 문제일 수도 있다. 훈련이나 교육, 반복한 경험이 이성을 감성화하는 수단이다.

이성적 인간에 대한 전제가 약해지고 있다

진화론적 관점에서 우리 뇌를 설명하는 이론으로 삼중 뇌 모델이 있다. 이에 따르면 우리 뇌는 가장 아랫부분은 파충류의 뇌, 다음은 포유류의 뇌, 가장 바깥은 영장류의 뇌로 구성된다. 기본적인 생명 유지 기능을 담당하는 뇌간과 소뇌를 파충류의 뇌, 감정의 작용을 담당하는 대뇌

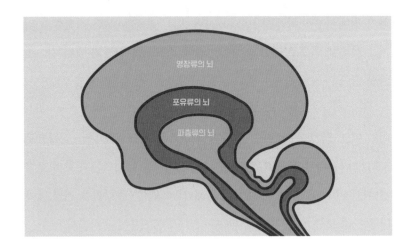

브레인 샤워

변연계의 편도와 시상하부와 해마를 포유류의 뇌, 이성의 작용을 담당하는 대뇌피질을 영장류의 뇌라고 한다. 이 모델에 따르면 이성을 가장 발달한 뇌의 작용이라고 여기고, 감성을 이에 조금 못 미치는 열등한 것으로 여긴다. 우리 뇌를 역할에 따라 우뇌와 좌뇌로 나누는 것처럼 삼중 뇌 모델도 우리 뇌를 너무 단순화하는 오류를 범한다는 비판을 받는다. 또한 조류나 파충류에서도 포유류의 뇌가 존재하는 등 실증적인 면에서도 비판을 많이 받는다. 우리 뇌는 각 부분이 유기적으로 연계되어 있고, 함께 상호작용한다. 이성만이 작용하는 것이 아니라 감성도 작용하고 생명 유지를 위한 본능도 함께 작용한다. 뇌의 구조로도 인간이 이성적이라는 것을 증명하지 못한다.

전통 경제학은 이성적, 합리적 인간을 전제로 이론을 전개해 왔다. 하지만 최근에는 행동 경제학을 필두로 감성적이고 변덕스러운 인간을 상정하여 이론을 개발한다. 합리적 인간을 전제로 한 이론이 현실을 설명해 주지 못하는 부분이 많아서, 인간의 감정적이고 심리적인 측면을 많이 감안한 경제학 이론들이 부각된 것이다. 현실적인 설명력을 높이기 위해서는 인간에 대한 이해부터 제대로 해야 할 것이다.

인간의 이성에는 한계가 있다

- - - -

사람은 합리적일 때도 있지만 비합리적인 경우가 비일비재하다. 앞서 말했듯 사람은 자기 자신을 이성적이라고 생각한다. 하지만 많은 경우 얼마나 감정적으로 생각하고 행동하는가. 화가 날 때를 생각해 보라. 다른 사람이 잘못했을 때 또는 자녀가 잘못했을 때 혼내는 자기 모습을 보면 자신이 얼마나 감정적인지 알 수 있다. 마케팅에서 반품과 같은 쿨링오프cooling-off, 즉 물건을 구매한 후 마음이 바뀌면 일정 시간 안에는 취소할 수 있도록 하는 제도를 사용하는 것도 인간이 변덕스럽고 비합리적인 경우가 많다는 것을 상정한 것이다.

이성의 한계가 있다는 것은 "사소함의 법칙law of triviality"으로 쉽게 생각할 수 있다. 사소함의 법칙이란 사람들이 대체로 이해하기에 너무 어렵고 복잡한 것보다는 이해할 만한 간단한 것에 더 많은 시간을 들이는 현상이다. 예를 들어 국회에서 예산안을 다룰 때 예산이 수십조 원 되는 큰 사업보다, 몇 억 원짜리 안건에 더 많은 시간을 투자한다. 그리고 몇 백 원어치 콩나물을 살 때는 어디가 싸고 어디가 비싼지 따지고, 깎아 달라며 흥정하고 사지만, 수억 원짜리 주택을 살 때는 쉽게 사는 것도 이러한 현상을 보여 준다. 이것은 경험 부족의 결과로 해석할 수도 있다. 콩나물이야 한 달에 몇 번씩 사기 때문에 많은 경험이 축적되었지만, 주택은 보통 사람이 평생 동안 한 번 사기도 어렵기 때문이다.

이성적이라고 하는 것은 자기 진단을 정확히 할 수 있다는 것을 포함한다. 학생들은 자기 자신을 실제 실력보다 높게 평가한다. 중·고등학생뿐만 아니라 미국의 유명 경영대학원의 학생들도 그렇다. 시험에서 문제를 틀리면 실력이 없어서가 아니라 실수로 틀렸다고 생각하는 것도 마찬가지이다. 이러한 허위의식을 봐도 인간은 생각만큼 이성적이지 못하다는 것을 알 수 있다.

《촘스키처럼 생각하는 법》에는 "박사학위를 받는 순간, 인간의 뇌에서 이상한 현상이 일어난다. 그때부터 '모르겠습니다', '내가 잘못 생각했습니다'라는 말을 까맣게 잊어버린다"라는 제임스 랜디James Randi가 한 말이 나온다. 박사가 되면, 그리고 공부를 많이 하면 할수록 더 자기 진단 능력이 떨어지는 것인가?

감각을 너무 믿지 말라

"감각은 수시로 우리를 속인다. 그리고 한 번이라도 우리를 속인 사람들을 전적으로 믿는 것은 신중하지 못한 것이다."

– 르네 데카르트

외부 세계를 인식하는 자신의 감각을 믿지 않고서는 생존할 수 없다. 또한 인간다운 삶을 살 수 없다. 자신의 눈을 믿지 않으면 밥을 먹을 수도, 책을 읽을 수도, 자동차를 운전할 수도 없다. 귀와 입을 믿지 않고서는 다른 사람과 대화할 수 없다. 하지만 오감을 너무 믿으면 사람은 실수하게 된다.

먼저 오감의 생물학적인 한계를 이해해야 한다. 그렇지 않으면, 극단적으로 무언가를 자신의 감각으로 감지하지 못하는 경우에 그것이 존재하지 않는 것으로 착각한다. 우리가 세상을 보고 듣고 느끼는 것, 즉 감각적으로 세상을 아는 것은 장님이 코끼리를 만지는 것이다. 예를 들어 시각장애인이나 색맹이 아니더라도 모든 빛을 볼 수 없다. 벌과 같은 곤충은 자외선을, 뱀은 적외선을 볼 수 있다고 하지만 사람은 가시광선可視光線만 볼 수 있다. 가시광선은 별도로 빛이 있는 것이 아니라 전자기파 중에 사람의 눈에 보이는, 실제로는 뇌가 알아채는 영역대의 전자기파를 말한다. 사람마다 차이가 있지만 보통 파장이 400~700나노미터 범위의 전자기파를 가시광선이라고 한다.

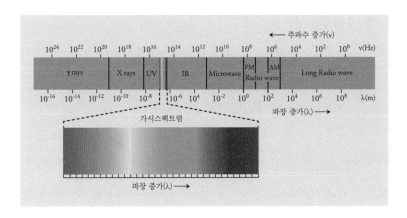

우리는 과학으로 감각하는 세상 이외에 다른 실재가 있다는 것을 배우고 활용한다. 양자역학이나 상대성이론과 같이 우리의 직관으로 받아들이기 어려운 영역뿐만 아니라, 자외선 살균기, X선 흉부촬영, 적외선 카메라, 마이크로파 전자레인지, 휴대폰, FM 라디오 등 많은 영역에서 눈에 보이지 않는 빛을 사용한다.

소리에도 가청주파수가 있다. 사람이 들을 수 있는 소리의 주파수로 보통 20~20,000헤르츠 정도의 주파수 영역을 말한다. 박쥐와 돌고래는 10만 헤르츠가 넘는 초음파까지도 감지할 수 있다. 사람에 따라 다르지만 보통 나이가 들거나 귀를 많이 사용하면 청각 세포의 기능이 떨어져 가청주파수 대역이 좁아진다. 청소년들은 17,700~18,000헤르츠의 소리를 들을 수 있으나 이십 대 후반이 되면 15,000헤르츠까지 가청주파수 대역이 떨어진다. 이러한 현상을 이용해, 쇼핑몰에서 영업을 방해하는 십 대를 쫓아낼 수 있도록 고주파 소음을 내는 '모스키토Mosquito(모기)'라는 제품을 영국에서 개발했다. 이것은 수업 시간에 선생님은 듣지 못하고 학생들만 들을 수 있는 벨 소리로도 활용되었다. 우리나라에서는 어른은 듣지 못하고 십 대만 들을 수 있는 벨 소리라는 의미로 틴벨Teen Buzz, Mosquito Buzz이라고 알려졌다.

다음으로 감각은 뇌의 작용이라는 것을 알아야 한다. 내 눈에 들어오는 모든 시각 정보가 뇌로 전달되어 인식되는 것은 아니다. 내 주위에 발생하는 소리도 마찬가지이다. 여러 가지 냄새를 맡다 보면 코가 무뎌져 다른 냄새를 잘 못 맡게 되고, 속옷을 새로 입을 때 느끼던 촉감도 오래 입다 보면 느끼지 못한다. 우리는 눈앞에 있는 것도 신경을 쓰지 않으면 지각하지 못하고, 계속 발생하는 지하철의 덜컹거리는 소리도 어느새 듣지 못한다. 우리의 감각이 주어진 감각 정보를 신호로 받아들이면 인식하지만, 필요 없는 것(잡음, noise)으로 여기면 걸러 내어 더는 인식하지 않는다. 새로운 감각 정보, 자기가 찾는 감각 정보가 없으면 인식하지 못하는 것이다. 누구나 물건을 찾다가 눈앞에 두고도 발견하지 못한 경험을 했을 것이다. 또한 계속 같은 장소에 있던 물건이 갑자기 눈에 띈 경험도 했을 것이다.

우리 속담에 "잘되면 제 탓, 못되면 조상 탓"이라는 속담이 있다. 서양의 "성공은 아버지가 천명이지만 실패는 고아"라는 금언과도 일맥상통한다. 이것도 자기 자신과 상황을 객관적으로 보지 못하기 때문에 나타나는 현상이다. 사람들은 일반적으로 자기가 보고 싶은 것만 보고, 듣고 싶은 것만 듣는다. 귓구멍이 막혔냐는 말도 그래서 나왔다. 안 들리는 것이 아니라 자기가 듣고 싶은 것만, 그것도 자기가 듣고 싶은 대로 듣기 때문이다. 우리말을 잘 해도 국어 시험을 보면 점수 차가 많이 나는 이유도 객관적으로 글을 읽지 못하기 때문이다.

감각은 감각기관과 뇌의 상호작용이기 때문에 익숙한 것이나 신경 쓰는 소리를 더 잘 인지하게 된다. '칵테일파티 효과'도 한가지 예이다. 아무리 시끄러운 파티장에서도 자기 이름을 말하는 소리는 잘 들린다는 것이다. 이는 층간 소음 문제나 '사람은 듣고 싶은 것만 듣는다'를 과학적으로 설명해 주는 이론이 되기도 한다. 공부는 기본적으로 복습을 통해 하는 것이지만, 예습하는 것은 이런 칵테일파티 효과를 이용하는 것이다.

우리 감각은 대상을 왜곡하여 지각하거나 잘못 지각하는 경우가 있다. 우리는 많이 착각하고 실수한다. 자기가 하려는 말이 아닌 다른 말을 하는 말실수처럼 인지하는 것과 실제로 존재하는 것을 다르게 보고 듣는 경우도 있다. 햇빛 아래에서 흰색으로 보이는 티셔츠가 빨간색 조명 아래에서 보면 빨간색으로, 파란색 조명 아래에서 보면 파란색으로 보이는 것처럼 상황에 따라 잘못 인지하는 경우도 있다. 또한, 자신이 하고 있던 기존의 생각에 따라 상대방 말을 잘못 듣는 경우도 아주 많다.

시각은 다른 감각에 영향을 준다. 벽지를 어떤 색으로 하느냐에 따라 따뜻하게 느껴지기도 하고, 시원하게 느껴지기도 한다. 사람들은 음료의 색깔이 맛에 영향을 주는지를 확인하기 위해 많은 실험을 했다. 프랑스 연구자들은 백포도주에 무색무취한 색소를 집어넣어 적포도주처럼 보이게 하면 훈련을 받은 사람들조차 백포도주를 적포도주로 판단한다는 것을 확인했다. 맛은 미각만의 작용이 아니라 시각과 후각 등이 결합하여 작용하기 때문이다. 또한 인터넷을 보면 시각이 맛에 미치는 영향에 관해 많은 학생이 실험한 결과를 볼 수 있다. 스프라이트나 사이다에 다양한 색소를 집어넣고 사람들이 맛을 어떻게 평가하는지를 분석하는 것과 같은 많은 종류의 실험이 있다. 이 실험들에서 시각이 맛에 주는 영향을 확인하는 것이다.

회교도의 다섯 가지 의무 가운데 하나가 하루에 다섯 번 메카Makkah를 향해 기도하는 것이다. 유대교도가 이스라엘 예루살렘을 향해 기도드리는 것처럼 회교도는 사우디아라비아 메카를 향해 기도드린다. 이 예배의 방향을 키블라qibla라고 하는데, 메카의 카바Kaaba 신전을 향한 방향을 가리킨다. 메카를 향한다는 것은 회교도의 현재 위치에서 최단 거리로 메카를 갈 수 있는 방향을 바라보고 기도를 드린다는 것이다. 메카에 있는 카바 신전의 위치는 북위 21.42도, 동경 39.83도이다. 북위 38.90도, 서경 77.04도에 위치한 미국 워싱턴 D.C.의 백악관에서 기도한다면 어느 방향을 향해야 할까? 북위 37.59도, 동경 126.98도에 위치한 한국 서울의 청와대에서 기도한다면 어느 방향을 향해야 할까?

메카가 워싱턴 D.C.나 서울 보다 위도가 낮기 때문에 백악관에서는 동남쪽, 청와대에서는 서남쪽을 향해야 할 것 같지만 그렇지 않다. 백악관에서는 서쪽에서 33.44도만큼 북쪽으로, 청와대에서는 15.69도만큼 북쪽으로 향해서 기도드려야 한다. 즉, 북쪽을 기준으로 보면 백악관에서는 56.56도, 청와대에서는 285.69도를 향해 기도드려야 한다. eQibla 홈페이지(eqibla.com)에서는 주소를 입력하면 어떤 방향

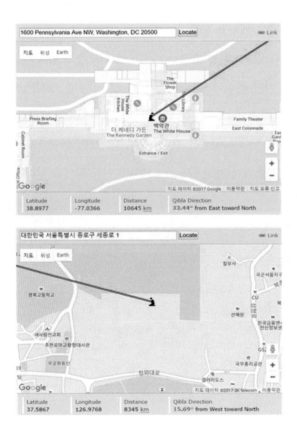

브레인 샤워

을 향해 기도해야 하는지 앞 그림과 같이 알려준다. 키블라가 이상하게 여겨지겠지만 이유는 간단하다. 지구가 구형이기 때문이다. 우리나라에서 유럽이나 미국으로 비행할 때 최단 거리를 비행하기 위해서 북쪽을 향해 출발하는 것과 같은 이유이다.

감각은 뇌의 작용이기 때문에 훈련이 필요하다. 훈련으로 더 잘 인지하기도 하고, 일부를 보고 전체를 유추할 수 있기도 하다. 여기에는 인간이 효율적으로 정보를 처리하기 위한 진화의 결과가 반영되어 있다. 하지만 때로는 이 때문에 착각하기도 한다. 착각은 감각과 상상이 결합한 산물이다. 사람은 일부분을 감각적으로 인지하고, 인지하지 못한 부분을 뇌의 상상으로 채워 넣는데 그 상상이 잘못되었을 경우 착각이 된다. 이러한 착각에는 불완전한 일부를 가지고 완전한 것으로 완성하는 완성착각, 구름 모양에서 어머니 얼굴을 떠올리는 것과 같이 모호한 현상이나 의미 없는 무늬 같은 것에서 구체적인 의미를 추출하거나 일정한 패턴으로 이미지화하는 변상착각 등 여러 종류의 착각이 있다.

영화관에서 영화를 보면 배우의 목소리가 사방에 있는 스피커로 나오는데 배우의 입에서 나오는 것으로 착각한다. 훈련으로 레오나르도 다 빈치의 거울 글씨처럼 거꾸로 글을 쓰고 읽을 수도 있고, TV 프로그램에서 나오는 것처럼 사물 일부분을 확대하거나 축소하여 봐도 무엇인지 알아맞힐 수도 있다. 눈의 맹점을 이용해서 그림으로 속이는 착시도 있다.

생각에 따라, 뇌에 따라 감각이 반응하기도 한다. 환자가 가짜 약을 먹고도 치료되는 플라시보 효과placebo effect, 즉 위약 효과도 나타나고 이와는 반대로 진짜 약을 줘도 환자가 효과가 없다고 생각하면 약효가 나타나지 않는 노시보 효과 nocebo effect도 있다. 부자가 입은 보통 청바지는 비싸 보이고, 가난한 사람이 입은 명품 옷은 싼 것으로 보인다. 같은 음식도 맛있다고 소문난 집에서 먹으면 더 맛있게 느껴진다. 가장 중요한 것은 생각이다. 생각이 감각까지 바꾼다.

기억은 만들어 진다

05

최초로 책을 타자기로 쓴 작가는 미국의 소설가 마크 트웨인Mark Twain
이다. 마크 트웨인은 자서전에서 자신이 타자기로 쓴 최초의 소설은
《톰 소여의 모험》이라고 했지만, 트웨인은 그 책을 타자기로 쓰지 않
았다. 타자기로 쓴 최초의 책은《미시시피강의 생활》이었다. 마크 트웨
인이 거짓말했다고는 생각하지 않는다. 그럴 이유도 없다. 단지 그렇게
잘못 기억했던 것이다. 자신이 한 일에 대한 기억도 온전히 믿을 수 있
는 것은 아니다.

우리는 기억의 한계에 대해서 이야기할 때 망각을 많이 말한다. 아무리 외워도 금방 잊어버리는 영어 단어나 한자를 생각하면 누구나 그 한계를 인정한다. 하지만 자신이 경험한 일을 기억하지 못하거나 잘못 기억하는 것을 쉽게 인정하려 하지 않는다. 선배들과 이야기하다 보면 "우리 때는 이것 안 배웠다"라는 말을 종종 듣는다. 진짜 안 배운 것인지, 배웠는데 기억을 못하는 것인지 의문이 든다. 개인차는 있지만, 기억을 잘 못하거나 잊어버리는 것은 그만큼 주의를 덜 기울였기 때문이다. 주의를 기울이는 만큼 기억력은 좋아질 수 있다.

기억은 간섭을 받는다. 하나의 정보를 기억하는 것은 다른 정보의 기억을 방해하는 것을 말한다. 간섭 현상은 순행 간섭proactive interference과 역행 간섭retroactive interference으로 나뉜다. 순행 간섭은 기억한 정보가 새롭게 정보를 입력하는 활동을 방해하는 것을 말하고, 역행 간섭은 새로이 입력한 정보가 과거에 기억한 정보를 인출(회상)하는 활동을 방해하는 것을 말한다. 순행 간섭의 예로는 첫인상이 있다. 첫인상이 좋았던 사람이 한 행동 중 나쁜 행동들을 좋게 기억하거나, 첫인상이 나빴던 사람이 한 좋은 행동들을 나쁘게 기억하는 것이다. 여기에 첫인상과 맞지 않는 행동을 걸러 내거나 왜곡한 것과 결합하여 첫인상의 효과를 강화한다.

역행 간섭의 예는 새 여자 친구의 전화번호를 자주 사용하다 보면 과거 여자 친구의 전화번호를 기억해 내는 데 어려움을 겪는 것이다. 이

역행 간섭은 두 정보의 유사성이 높을수록 더 잘 일어난다.

기억은 의식적 또는 무의식적으로 왜곡된다

사후 편향hindsight bias은 사후 과잉 확신 편향이라고도 불리는데, 사건이 일어난 후에 그 사건이 일어나기 전에 예측 가능했던 것으로 생각하는 경향을 말한다. 이것은 자기 합리화와 연결하여 '내가 그럴 줄 알았어'하는 자세로 나타난다. 더 나아가 허위 기억 증후군false memory syndrome으로 이어질 수도 있다. 2016년 3월 구글 딥마인드 챌린지 매치Google DeepMind Challenge Match가 있었다. 이 대회에서 이세돌과 알파고가 바둑 대결을 펼치기 전에 필자를 포함한 점심시간 토론 그룹에 있던 모든 사람이 바둑만큼은 아직 컴퓨터가 사람을 이기기는 어렵다고 예측했다. 3월 9일 첫 판에서 알파고가 승리하자 다른 의견들이 나오기 시작했다. 3월 12일까지 알파고가 3연승을 하자 이제 이세돌이 한 판도 못 이길 것이라는 의견이 지배적이었다. 3월 13일 이세돌이 한 판을 이기자 의견이 분분해 졌고, 결국 3월 15일 5차전에서 알파고가 승리하여 4승 1패로 승부가 끝났다. 그런데 대결이 끝난 후 이세돌과 알파고의 바둑 대결 이야기를 나누는데 자기가 승부 결과와 비슷하게 예측했다는 사람들이 나타났다. 며칠 동안 토론하면서 자기 의견을 조금씩 바꾸고 자기 합리화를 하다가 결국에는 허위 기억까지 만든 것이다. 필자는 이 사람들이 일부러 허위 기억을 만들었다고 생각하지 않는다. 뇌

과학에서 말하는 것처럼 여러 가지 정보를 입력하는 과정에서 과거 정보는 새 정보에 의해 변화될 수 있는데, 기억을 끄집어내면서 그 기억을 변경한 것이 아니라 원래 기억으로 믿기 때문에 나타나는 현상이다. 이러한 현상의 자가 진단을 위해서 또는 방지하기 위해서 메모나 일기와 같은 기록을 활용할 수 있다.

뇌 과학에서는 뇌의 가소성plasticity을 말한다. 뇌의 가소성은 기억, 학습 등 뇌가 유연한 적응 능력을 갖추고 있다는 것이다. 기억이나 학습 등으로 뇌에 자극이 가해지면 뇌에 변화가 생기고, 자극이 없어져도 그 변화는 지속될 수 있다. 이 덕분에 우리가 세상에 적응하고 살아남을 수 있다. 그런데 사후 편향과 동기화된 망각motivated forgetting(기억하고 싶지 않은 것을 무의식적으로 망각하려는 경향)이 결합한 형태로 기억을 왜곡하면, 자신의 실패를 받아들이지 못해 같은 실수를 반복한다. 자신의 기억과 판단을 과신하여 자신을 훌륭한 사람으로 인식하는 것이다. 이러한 기억 왜곡의 극단적인 사례가 리플리 증후군ripley syndrome이다. 리플리 증후군은 가짜를 진실로 믿고 상습적으로 거짓된 말과 행동을 반복하는 반사회적 인격 장애이다. 〈캐치 미 이프 유 캔〉과 같이 영화의 소재로도 여러 번 사용되었다. 실제로 많은 사람이 어느 정도 리플리 증후군의 특징을 드러낸다. 내 기억 속에도 조작된 기억이 있다는 것을 기억해야 한다.

경험에
속지 말라

"뜨거운 난로 뚜껑 위에 앉았던 고양이처럼 되지 않으려면, 경험 속에 있는 지혜를 끄집어낼 때 조심해야 한다. 고양이는 다시는 뜨거운 난로 뚜껑 위에 앉지 않겠지만, 차가운 뚜껑 위에도 앉지 않을 것이다."

– 마크 트웨인

마크 트웨인은 사람이 실패한 경험으로 지혜를 배우기보다는 아무런 도전도 하지 않게 된다고 말했다. 즉 '뜨거운 부뚜막 효과hot stove effect'

가 있다는 것이다. 뜨거운 부뚜막에 올라갔다가 데인 고양이는 차가운 부뚜막에도 올라가지 않는다. 우리나라에도 "자라 보고 놀란 가슴 솥뚜껑 보고 놀란다"라는 속담이 있다.

소설 《삼국지연의》에는 제갈공명과 사마중달 사이의 마지막 전투 이야기가 나온다. 촉의 제갈공명은 오장원에서 병으로 죽기 전에 군사들이 무사히 후퇴할 수 있도록 계책을 마련해 놓았다. 제갈공명이 죽었다는 소식을 들은 사마중달은 군사를 이끌고 추격하다가, 촉나라 병사들이 '대한승상제갈무후大漢丞相諸葛武侯'란 깃발들 들고, 나무 인형으로 만든 제갈공명이 앉은 사륜거를 밀고 갑자기 나타나자 매우 놀라 계책에 말려들었다고 생각하여 도망친다. 정신없이 도망친 사마중달은 진중에 틀어박혀 감히 나갈 생각을 하지 못하고 있다가, 촉나라 병사가 전부 후퇴한 후에야 제갈공명이 죽었다는 사실을 알게 된다. 여기에서 '죽은 공명이 산 중달을 달아나게 하다(사공명능주생중달, 死孔明能走生仲達)'라는 속담이 생겨났다. 제갈공명의 계책에 당한 경험으로 사마중달에게 '뜨거운 부뚜막 효과'가 나타난 것이다.

실패한 경험이 잘못된 영향을 미치는 것처럼 성공한 경험도 잘못된 영향을 미칠 수 있다. 특히 계속해서 크게 성공한 사람이 자신의 성공 경험을 과신해서 다른 사람의 말을 듣지 않거나 자신의 판단을 지나치게 신뢰하여 한 방에 훅 간다. 특히 많은 경우 실제로 자신의 경험과 관계

없는 분야의 의사 결정을 하면서 자신이 경험한 분야와 관련된 것으로 생각하여 판단하는 표본 외out-of-sample 문제가 발생한다. 신문을 보면 무리한 사업 확장으로 화를 자초해 부도가 났다는 기사가 많이 나온다. 전자제품에서 성공한 경험으로 자동차 사업의 성공을 예단할 수 없고, 의류업에서 성공한 경험으로 유통업의 성공을 예측할 수 없다. 앞서 말한 바와 같이 새로운 일을 시도하지 말라는 의미가 아니다. 지금 내리는 의사 결정이 내 경험이라는 표본 내의 의사 결정인지를 잘 판단하여, 내가 경험하지 못한 표본 외 의사 결정에 적용하지 않도록 신중해야 한다. 자신의 경험이라는 표본에 속지 말자.

"개가 그 토한 것을 도로 먹는 것 같이 미련한 자는 그 미련한 것을 거듭 행하느니라(잠언 26:11)"라는 말처럼 미련한 사람은 자신의 경험에서도 배우지 못하고 거듭 실수를 하지만 우리는 최소한 자기 경험을 넘어서야 한다. "한 번 속는 것은 속이는 사람의 잘못이지만, 두 번 속는 것은 속는 사람의 잘못이다"라는 격언처럼 경험을 통한 학습은 중요한 가치를 가진다.

그러나 자기 스스로 모든 것을 직접 경험할 수가 없다. 직접 경험한 일도 두 번 경험하지 못하는 일이 대부분이다. 초등학교, 중학교, 고등학교를 두 번 다니는 경험을 하는 사람이 얼마나 되는가? 아이를 키우는 것은? 부모님과의 관계는? 따라서 자기 경험의 한계를 인정하고 다른 사람의 경험을 활용해야 한다. 말만이 아니라 지혜롭게 다른 사람의 실수를 타산지석으로 삼아야 한다. 간접경험이나 타산지석은 타인의 경험까지 표본으로 확장하는 것이다. 2008년 미증유의 금융위기를 겪었던 미국이 경제정책을 세울 때 참고했어야 했던 과거 정책 효과에 관한 통계는 미국의 통계가 아니라, 일본의 잃어버린 10년에 대한 정책 효과 통계에서 표본을 찾는 것이 더 해결책을 발견하는 데 쉬웠을 것이라는 분석도 있다. 간접경험으로 표본을 엄청나게 확장할 수 있고, 이를 통해 좀 더 합리적인 의사 결정을 할 수 있을 것이다.

돌다리도 두들겨 보고 건너라?

공무원이나 외교관 출신들이 대통령 선거에 나서지 못하는 것을, 공무원은 돌다리도 두들겨 보고 건너고, 외교관은 돌다리를 두들겨 보고도 건너지 않기 때문이라고 말하기도 한다. 모든 것을 다 확인하고, 위험이 없는 행동만을 할 수는 없다. 버트런드 러셀은 "세상의 모든 문제는 바보와 광신자들은 항상 확신에 차 있는 반면, 현명한 사람들은 의문에 가득 차 있다는 점이다"라고 했다. 어떤 일에 대해서는 돌다리도 두들겨 보는 식의 신중함이 필요하지만, 다른 경우에는 쉽고 빠르게 결정해야 하는 경우도 있다. 존 F. 케네디가 말한 바와 같이 "과거와 현재에 묻힌 사람은 미래를 놓치게 된다." 경험에서 배워야 하지만, 직접은 물론 간접적으로도 모든 것을 경험하는 것은 불가능하기 때문에 경험에 너무 의존해서는 안 된다. 또한 경험은 미래의 변화를 반영하지 못한다는

브레인 샤워

한계가 있다.

이에 관한 대표적인 예가 마지노선이다. 제1차 세계대전에서 엄청난 피해를 본 프랑스가 1차 대전 내내 경험한 참호전을 바탕으로 최적의 대안, 마지노선을 건설했으나 결국은 큰 낭패를 당한다. 프랑스는 독일과의 전쟁을 대비하기 위해 1927년부터 1936년까지 독일과의 접경에 마지노선을 설치했다. 마지노선은 과거의 참호전을 위한 대비로서는 최선이었으나, 전차의 현대화나 전투기의 발전에 대한 대비는 되지 못했다. 프랑스는 마지노선에 엄청난 예산을 투입하였으나 실제 전쟁에서는 무용지물이었다. 독일은 마지노선을 우회하여 벨기에를 통과하고 프랑스를 점령했다. 경험이 많은 사람, 특히 성공 경험이 많은 사람은 마지노선과 같은 자만 때문에 망하는 경우가 많다.

나
자신의
카나리아를
가져라

광부들이 석탄을 캐기 위해 광도를 뚫고 지하로 들어가다 보면, 지하에 고인 무색무취의 일산화탄소 가스로 카복시헤모글로빈carboxy hemoglobin 수치가 높아져 사망에 이를 수가 있다. 따라서 오늘날 탄광에서는 가스 검출기를 사용하여 일산화탄소를 모니터링한다. 하지만 이러한 장비가 없었던 과거에는 탄광에서 석탄을 캐다가 일산화탄소나 메탄가스 중독 으로 사망하는 광부가 많이 있었다. 광부들은 무엇 때문인지는 정확히 몰랐지만 위험에 대비하기 위해 탄광에 들어갈 때 카나리아 또는 생쥐 같은 작은 동물을 케이지에 넣어 들고 갔다고 한다. 탄광 안에서 카나리아나 생쥐가 쓰러지면 위험을 감지하고 빨리 탄광에서 나와 죽음을 피할 수 있었다. 여기에서 '탄광 속 카나리아canary in a coal mine'라는 위험을 미리 알려 주는 것을 의미하는 비유가 생겨났다.

존 F. 케네디 대통령의 아버지인 조지프 케네디와 구두닦이 소년의 일화가 있다. 월가의 거부였던 조지프 케네디는 길거리에서 구두를 닦고 있다가 구두닦이 소년이 주식 이야기를 하는 것을 들었다. 사무실로 돌아온 케네디는 가지고 있던 주식을 모두 팔아 버려 1929년 미국의 대공황을 피할 수 있었다. 대공황으로 많은 부자가 하루아침에 파산하고, 미국인 대부분이 가난해졌지만 케네디 가문은 더 많은 부를 축적하고 미국의 명문 가문으로 자리를 굳힌 계기가 되었다. 카나리아는 여러 곳에 있다. 어떤 문제에 대한 카나리아를 생각하고, 그 카나리아를 지켜보아 경계로 삼아야 한다.

보험에서는 하인리히의 법칙Heinrich's law이 있다. '1대29대300 법칙'이라고도 불리는 것으로, 중상자 1명이 나오는 큰 사고가 있기 전에 경상자 29명이 나오는 작은 사건들이 있고, 이전에 부상당할 뻔한 사람 300명가량이 있다는 것이다. 즉, 큰 사고가 있기 전에 그것을 예고하는 징후가 많이 보인다는 법칙으로, 미국의 보험회사에 근무하던 허버트 하인리히Herbert W. Heinrich가 1931년 보험 통계를 정리하면서 발견하여 소개했다. 자동차, 선박, 항공기의 사고와 같은 교통사고뿐만 아니라 화재나 건물 붕괴 등 각종 안전사고, 가뭄이나 홍수 같은 자연재해에도 적용되는 법칙이다. 안전을 위해서 '역-하인리히 법칙'을 활용하여 경미한 사고를 예고하는 사소한 징후에 민감하게 반응하고 조치하면 대형 사고를 막을 수 있다.

지진 안전지대로 여겨지던 한반도에서도 최근에 미진이 많이 발생한다. 물론 전국에 설치된 지진계의 숫자가 늘어나는 등 지진 관측 능력이 좋아진 데도 일부 이유를 찾을 수 있지만, 실제 미진이 증가하고 큰 규모의 지진도 늘고 있다고 전문가들은 평가한다. 이에 대해 대비하지 않으면 큰 재앙으로 이어질 수 있다.

개인적으로나, 국가적으로나 이러한 사고와 위험을 알려 주는 전조 현상에 잘 대응하지 못하면 한 번에 망할 수 있다. 사회 국가적으로 이러한 전조 현상에 대해 예민하게 대응해야 하지만, 개인적으로도 자신만의 카나리아를 가져야 할 것이다. 주변에 듣기 좋은 말만하고 모든 것을 이해해 주는 사람만이 아니라, 자신의 조그마한 잘못에도 민감하게 반응하여 지적해 주는 사람 또는 비판 세력을 가져 그들이 하는 말을 잘 들어야 한다.

누가 그리고 무엇이 일반적으로 탄광 속 카나리아 역할을 하는가를 생각할 필요가 있다. 역사적으로 약자가 카나리아 역할을 했다. 이것이 사회적 약자에게 민감해야 하는 이유이다. 남성보다는 여성, 부자보다는 빈자, 직장인보다는 실업자, 정규직보다는 비정규직 등 사회적 약자가 내는 소리를 들어야 한다. 가정 내에서는 가장보다 가족 구성원이, 직장 내에서는 대표와 임원보다 신입직원이나 비정규직이, 대통령이나 정치인이 아니라 일반 국민이 카나리아 역할을 한다. 카나리아의 역할을 하는 지표도 있다. 기업에서는 손실, 부채나 점유율, 사회에서는 불평등도를 나타내는 지니계수, 가정에서는 대화 시간 같은 것이 카나리아 역할을 한다.

지위가 높아지면 높아질수록, 나이가 들면 들수록 싫은 소리는 듣기 싫어진다. 자신보다 성공하지 못한 사람, 자신보다 경험이 적은 사람이 하는 비판에 귀를 열지 않으면 물리적으로 또는 정신적으로 망할 수 있다. 과거의 정치 권력자, 경제 권력자, 문화 권력자들의 말로를 생각해 봐야 한다.

운을
실력으로
여기지
말라

세상에는 알지 못하는 이유와 우연으로 말미암아 결과가 달라지는 경우가 비일비재하다. 월드컵에서 우승 후보가 생각지도 못하게 예선 탈락을 하고, 마무리로 나온 최고의 투수가 결승타를 맞고 경기에 지는 것과 같이 불운한 상황을 많이 본다. 복권을 거의 사지 않는 필자에게는 벼락 맞을 확률보다도 낮은 로또 일등에 당첨되는 사람이 매주 여러 명 나온다. 전 세계적으로 따져 보면 몇 명일지 모를 정도로 많다.

하지만 많은 사람이 운을 실력으로 생각하여 결국 행운을 불운으로 만드는 잘못을 범한다. 로또에 당첨된 사람 중 많은 사람이 당첨되기 전보다 더 나쁜 결과를 맞이하기도 한다. 로또에 당첨되는 것이 불행한 일이라는 것이 아니다. 인생에 실력이 전혀 적용되지 않는다는 말도 아니다. 우연적인 요소가 많이 개입된 결과가 나타났을 때 이를 어떻게 받아들이고, 대처하느냐가 이후의 삶에 많은 영향을 미친다는 것이다.

주식 투자로 막심한 손해를 보고 비참한 최후를 맞이한 사람, 도박으로 가산을 탕진한 사람의 이야기를 종종 신문 기사로 읽는다. 주식이나 도박으로 인생을 망친 사람들은 초심자의 행운_beginner's luck_으로 비참한 최후를 맛보았을 확률이 높다. 초심자의 행운은 운동이나 도박을 할 때 유경험자나 전문가가 초보자를 이기는 것이 당연하다고 생각하지만 의외로 초보자가 승리하거나 돈을 따는 결과가 나올 때 일컫는 말이다. 지속적으로 주식 투자를 하거나 도박하는 사람은 처음에 초심자의 행운을 맛본 사람일 확률이 높다. 처음 투자한 주식에서 이득을 보거나 처음으로 한 고스톱에서 돈을 딴 사람은 두 번째 기회가 주어졌을 때 다시 시도할 가능성이 높다. 하지만 첫 번째 주식 투자에서 큰 손해를 보거나, 처음으로 한 고스톱에서 많은 돈을 잃은 사람은 두 번째 기회가 주어졌을 때 시도하지 않을 가능성이 높다. 주식 투자나 도박의 경우, 하면 할수록 투자금이 늘어나고 판돈이 커지기 마련이다. 내가 투자한 주식이 오르고 내려갈 확률이 똑같이 반반이라고 하면 투자금이 늘어남에 따라 내 전체 재산 변동에 미치는 영향, 즉 위험이 커지는 것이다. 따라서 주식 투자의 규모를 늘릴 때는 분산투자 등 투자위험을 축소하는 방법을 적용하여 위험의 규모를 줄일 필요가 있다. 그러나 그러한 생각 없이 운으로 된 과거의 성공 경험을 믿고 주식 투자의 규모를 늘리면 생각하지 못한 낭패를 당할 수 있다.

고스톱에는 운칠기삼運七技三, 즉 운이 7할이고 실력이 3할이다는 말이 있다. 고스톱을 처음 배운 사람이라도 그날 바로 자신에게 고스톱을 가르쳐 준 사람에게서 돈을 따는 것은 충분히 가능하다. 고스톱을 가르쳐 준 사람이 친구나 가족이라면, 그 사람이 프로도 아니고 얼마나 실력이 있겠는가? 따라서 실력의 차이가 크지 않을 것이다. 하지만 도박으로 가면 상황이 달라진다. 고스톱의 상대방은 실력이 아주 높거나, 때로는 각종 방법을 사용해서 사기도박을 할 수도 있다. 이때는 초보자가 고스톱에서 돈을 딸 확률은 거의 없다고 보는 것이 합리적이다.

최근 언론을 보면 사법시험에 소년 급제少年及第한 사람들의 말로가 좋지 못한 경우가 많이 나온다. 송나라의 학자 정이천程伊川은 '소년등과 일불행小年登科一不幸'이라는 말을 남겼다. 어린 나이에 과거에 급제하는 것이 인간이 가진 세 가지 불행 중의 하나라는 것이다(나머지 두 가지는 부형의 권세에 의해 좋은 벼슬에 오르는 것(석부형제지세, 席父兄弟之勢), 뛰어난 재주에 문장까지 잘 짓는 일(유고재능문장, 有高才能文章)이다). 열심히 노력해서 남들보다 빨리 사법시험에 합격했는데 왜 나쁜 결과가 많이 나올까? 여기에도 행운을 실력으로 여긴 자기 과신과 교만이 작용했을 확률이 높다. 과거 사법시험이나 행정고등고시에 합격하기 위해서는 몇 년을 공부해서 비슷하게 준비하는 많은 사람과 경쟁해야 했다. 수험생 사이에 실력 차이가 없지는 않지만, 운으로 당락이 결정되는 경우도 허다했다. 운이 작용하여 남들보다 고생을 덜하고 빨리 시험에 합격하는 행운을 얻었다. 하지만 이것을 전부 자신의 실력으로 잘못 판단하고, 이후 많은 성공 경험으로 자신을 과신하면 어느 순간 판단 미숙으로 큰 낭패를 본다.

소설 《삼국지연의》에는 유비의 촉한에 관우, 장비, 마초, 황충, 조운이라는 호랑이 같은 오호대장군五虎大將軍이 나온다. 이들은 여포와 같은 자기보다 강자와 일대일로 붙지 않아서 오호대장군이 되는 행운을 누렸다. 아무리 뛰어난 장수라 할지라도 누구와 언제, 어디서 전투를 하느냐에 따라 목숨이 달려있다. '상산의 조자룡'으로 유명한 맹장 조운은 장판에서 홀로 조조의 대군을 상대하여 유비의 아들 유선을 구했다. 이러한 불패의 장군 조운도 육십 대에 무명 시골 장수 이십 대 강유에게 패한다. 조운이 이십 대에 이러한 강자를 만났으면 물러서지 않아 패배로 끝나지 않고 목숨까지 잃었을지도 모른다. 진퇴를 모르면 승부에 지고, 때로는 목숨까지 잃는다.

학문과 예술의 영역에서도 운이 작용한다. '41번째 의자forty-first seat'라는 말이 있다. 프랑스 한림원French Academy은 40명의 종신회원으로 구성된다. 후보자는 전임자가 결원되었을 때 원하는 자리에 지원할 수 있는데 한림원의 선출로 회원이 될 수 있다. 따라서 아무리 훌륭한 업적을 쌓았어도 적합한 자리의 회원이 결원되어야 한림원의 회원이 될 수 있다. 장 자크 루소, 장 폴 사르트르, 르네 데카르트, 쥘 베른, 에밀 졸라와 같은 사람도 한림원의 회원이 되지 못했다. '41번째 의자'는 한림원의 회원이 될 수 있는 자격을 갖춘 많은 사람이 41번째 의자에 앉아 대기하고 있다는 것을 비유적으로 하는 말이다. 노벨상에서도 41번째 의자에 앉은 사람이 많다. 이 41번째 의자에 앉은 많은 사람 중에 운이 좋은 사람이 노벨상을 탈 수 있는 것이다.

《블랙 스완》의 저자 나심 탈레브는 "행운에 속지 말라"라고 한다. 실력이 전혀 작용하지 않는다는 의미가 아니다. 우리 삶의 많은 경우 행운을 실력으로 여기고 살다가 행운이, 행운이 아닌 결과를 가져오게 한다.

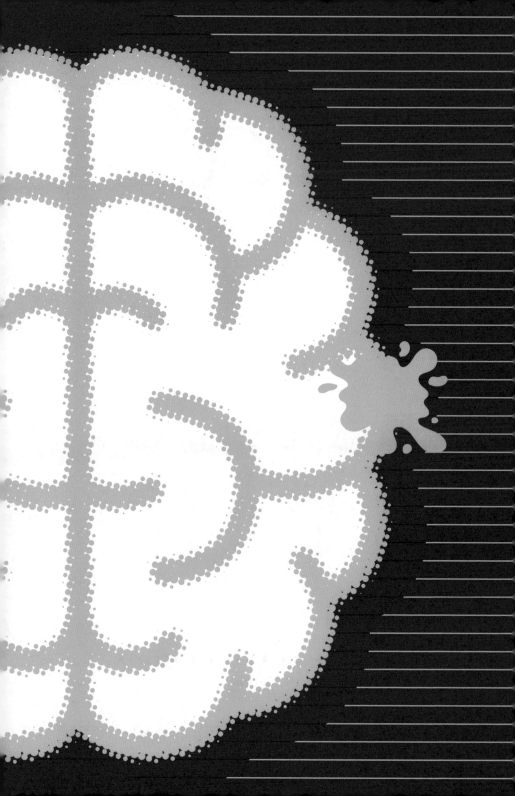

너 · 는
어 떻 게
세 상 을
보 는 가

<u>샤워 2단계</u>

기본적으로 다른 사람도 나와 같은 능력과 결점이 있다는 전제에서 사람 사이의 관계와 사회를 이해하려고 노력해야 한다. 채권, 주식, 부동산에 투자할 때나 상대국과 전쟁할 때나 상대방과 게임을 할 때 그리고 선거운동을 할 때도 다른 사람의 반응을 알아야 한다. 클라우제비츠는 "전쟁은 피아 쌍방간 활동의 부단한 상호작용이다"라고 했다. 물론 머릿속에서 이론적으로 생각하는 것과 실제 현실에서 나타나는 것에는 상당한 차이 또는 마찰이 있을 수 있다. 사람, 사회, 문화의 다양성을 이해하고 인정한 다음, 이것이 이론이 아니라 실제 나타나는 데 따르는 마찰까지도 고려하는 것이 세상을 바르게 보는 출발이다.

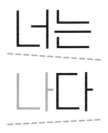

사람은 '나는 똑똑한데 다른 사람은 생각 없이 산다'고 자신도 모르게
생각하며 산다. 내가 무엇을 생각하는지는 알지만 다른 사람이 무엇을
생각하는지는 몰라서 하는 착각이다. 마찬가지로 자신의 감정은 알지
만 상대방의 감정은 모르기 때문에 상대가 확실하게 감정을 표현하기
전까지는 상대의 감정을 무시한다.

사람들 대부분은 자신을 과대평가한다. 고등학교 3년 동안 수많은 시
험을 보면서 반에서 1등을 한 번이라도 한 사람은 자신이 반에서 1등

이라고 생각한다. 나만 그런 것이 아니라 다른 사람도 그렇다. 설문조사를 통해 학생들에게 자신의 성적이 상위 50퍼센트 이내에 드는지 물어보면 50퍼센트를 훨씬 넘는 학생들이 그렇다고 대답한다. 우리나라의 학생들만 그런 것이 아니라 미국의 MBA 학생들도 그렇게 대답한다. 심리학자들은 자기 자신을 과대평가해 자신이 평균보다 낫다고 믿는 현상을 '워비곤 호수 효과Lake Wobegon effect'라고 한다. 나만 자기 객관화를 못하는 것이 아니라 다른 사람도 자기 객관화를 하지 못한다. 소크라테스 정도 되는 성인이어야 자기 객관화를 할 수 있는 것이다.

다른 사람은 세상을 어떻게 보는지를 알려고 할 때는 다른 사람도 나와 똑같다고 생각하는 데서 출발해야 한다. 이것이 기본이다. 우리는 상호작용하는 세상에서 산다. 두 사람 이상이 참여하고 선택한 전략에 따라 결과가 달라지는 상호 의존적인 의사 결정에 관한 이론이 게임이론이다. 게임이론의 기본은 동시 게임인가, 순차 게임인가의 여부 등 게임의 구조에 따라 의사 결정을 할 때, 즉 내가 어떤 전략을 선택할 때 상대방의 반응을 고려해야 성과를 극대화할 수 있다는 것이다. 나만 합리적으로 생각하는 것이 아니라 다른 사람도 나와 똑같이 생각하고, 반응한다고 생각하는 것이 가장 기본이다.

　노나카 이쿠지로의 《전략의 본질》에서는 다음과 같이 전략을 잘 정의한다. "전략은 각각 독립적인 의도를 가진 주체 간의 상호작용이다. (…) 나의 행위에 대해 상대가 반응하고, 그에 대해 내가 다시 대항하는,

작용-반작용이 반복된다. 게다가 이 작용-반작용의 인과연쇄因果連鎖는 불확실성과 우연성과 마찰이 횡행하는 장에서 전개되기 때문에, 루트워크가 논한 바와 같이 역설적이다." 게임이론에서 균형(解)을 이루기 위해서 게임 참가자(기업 등)의 반응곡선reaction curve을 이용하기도 한다. 반응곡선은 경쟁 업체와 같은 게임 상대자의 행동에 자신의 최적 대응을 나타내는 곡선이다. 예를 들어, 상대방이 생산량을 Q1으로 했을 때, 내 이윤을 극대화하기 위해 산출량을 얼마로 하는 것이 최선인가, 상대방이 가격을 P1으로 했을 때 가격을 얼마로 설정하는 것이 최선인가에 대한 대답을 좌표상에 표시한 것이다. 그리고 게임은 참가자들의 반응곡선이 만나는 점에서 균형을 이룬다. 반응곡선은 상대의 반응을 이해하는 것에서 출발한다.

찰리 채플린은 "인생은 멀리서 보면 희극이지만 가까이서 보면 비극이다"라고 말했다. 가까이 볼 수 있는 자기 자신의 괴로움은 아프고 절실하지만, 조금만 멀어지면 아픔을 느끼기 어렵고, 더 멀어지면 보이지도 않는다. 코미디언 멜 브룩스Mel Brooks는 "내가 손가락을 베이면 비극, 남이 뚜껑 열린 하수구에 빠져 죽으면 희극"이라고 했다. 우리 속담에는 "남의 염병이 제 고뿔만 못하다"라는 말도 있다. 남의 처지를 이해하기 어렵다는 인간의 한계가 잘 나타난다. 사람은 상대방을 식사에 초대하고 접시와 호리병에 음식을 대접한, 이솝우화의 '여우와 두루미'처럼 서로를 이해하기 어려워한다. 이런 면에서 홍익학당의 윤홍

식이 '역지사지 易地思之'가 인문학의 결론이라고 주장하는 것을 이해할 수 있다.

"되로 주고 말로 받는다"라는 속담이 있지만, 이는 논외로 하고 되로 주었으면 되로 받고, 말로 주었으면 말로 받는 것이 기본적인 계산에 부합한다. 이러한 생각으로 여러 고대 사회에서부터 동해보복법<small>同害報復法</small>을 사회 질서를 유지하기 위한 법으로 사용했다. 동해보복법은 탈리오 법칙<small>lex talionis</small>으로 알려졌는데, 함무라비 법전이나 성경에 "눈에는 눈, 이에는 이(만약 어떤 사람이 다른 사람의 눈을 상하게 했으면 그의 눈도 상하게 해야 하고, 어떤 사람이 다른 사람의 이를 부러뜨렸으면 그의 이도 부러뜨려야 한다)"로 기록되었다. 보통 탈리오 법칙을 용서할 줄 모르고 보복에 중점을 둔 무자비

한 법이라고 판단하지만, 이 법칙에는 당했어도 당한 이상으로 갚아서는 안 된다는 의미를 포함한다. 탈리오 법칙은 인류가 생각하는 정의의 원시적이고 기본적인 표현이다.

성경에는 황금률golden rule로 알려진 구절이 있다. "그러므로 무엇이든지 남에게 대접을 받고자 하는 대로 너희도 남을 대접하라. 이것이 율법이요 선지자니라(마태복음 7:12)." 이러한 예수의 가르침에 대해서 후세대가 다른 행동 규범보다 중요한 규범이라고 생각하여 황금률이라는 이름을 붙인 것이다. 황금률은 성경에만 나오는 것은 아니다. 공자의 "내가 하기 싫은 일을 남에게 시키지 말라(기소불욕물시어인, 己所不欲勿施於人)"라는 말처럼 불교, 힌두교, 도교, 유대교, 함무라비 법전까지 여러 곳에서 비슷한 문구를 찾아볼 수 있다. 세계적으로나 보편적으로 황금률을 삶에서 적용해야 하는 규범 또는 교훈으로 받아들였다는 것이다. 황금률도 탈리오 법칙과 유사한 정의 관점으로, 누구나 받아들일 수 있는 보편적인 거래 방식을 전제한다. 하지만 행위자가 먼저 상대방에게 믿음이나 선의를 보인다는 차이가 있다.

게임이론의 유명한 사례로 죄수의 딜레마prisoner's dilemma가 있다. 죄수의 딜레마 상황에서는 게임 참가자들이 서로 협력할 때 가장 이익이 되지만, 자신의 이익만을 생각하면 서로에게 불리한 결과를 초래한다. 예를 들어, 한 범죄 사건의 공범으로 여겨지는 두 용의자가 체포되어

서로 다른 곳에서 취조를 받는 상황을 상상해 보자. 서로 묵비권을 행사하면 검사는 범죄의 증거를 찾지 못하고 다른 작은 범죄로 기소하여 각각 징역 1년을 살도록 할 것이다. 둘 중 한 명만 자백하면, 자백한 용의자는 불기소로 석방되고, 다른 용의자는 징역 5년을 선고받는다. 용의자 둘 다 자백하면 징역 3년을 선고한다. 각 용의자 입장에서는 구속된 기간이 짧으면 짧을수록 좋은 것이므로 징역을 안 살고 바로 석방되면 5점, 징역 1년을 살면 3점, 징역 5년을 살면 0점을 부여하는 방식으로 점수를 부여할 수도 있다. 이러한 상황을 보수 행렬로 만들면 아래 표와 같다.

	용의자 B 범행 부인(협력)	용의자 B 범행 자백(배반)
용의자 A 범행 부인(협력)	1년(3점), 1년(3점)	5년(0점), 석방(5점)
용의자 A 범행 자백(배반)	석방(5점), 5년(0점)	3년(1점), 3년(1점)

이 상황에 있는 용의자는 상대방의 선택과 관계없이 자신은 자백(배반)하는 것이 유리한 결과를 가져오기 때문에 모든 참가자가 배반(자백)하는 결과가 나온다.

로버트 액셀로드Robert Axelrod는 죄수의 딜레마와 같은 상황이 반복될 때 어떤 것이 최선의 전략이냐에 대한 실험을 했다. 액셀로드는 컴퓨터 시뮬레이션으로 반복되는 죄수의 딜레마 게임을 개최했다. 사람들은 상황에 따라 협력과 배반을 선택하는 자신의 전략을 만들어 참여했다. 참여자들이 선택한 전략에 따라 위 표의 괄호 안에 있는 점수를 부여하는 방식으로 게임을 구성했다. 참여자들은 항상 배반하는 전략, 항상 협력하는 전략, 협력과 배반을 임의로 선택하는 전략 등 다양한 전략으로 참가했지만 결과적으로 맞대응tit-for-tat 전략이 우승했다. 맞대응 전략은 다음의 세 가지 규칙을 따르는 것으로 아주 단순하다. ①상대가 누구든 일단 협력한다. ②상대가 협력하면 계속 협력한다. ③상대가 배반하면 반드시 복수한다. 복수는 단 한 차례로 끝난다. 다음에는 다시 협력한다. 어디서 본 듯한 전략이지 않은가? 그렇다. 이 전략은 황금률과 탈리오 법칙을 결합해 놓은 것과 다르지 않다.

환경 문제나 군비 경쟁과 같은 죄수의 딜레마 상황에서는 자유방임을 통하여 사회적으로 최선의 결과를 가져올 수 없다. 국제 협약이나 법률 등 외부의 힘으로 해결할 수 없을 때 가장 유리한 전략은 맞대응이다.

 정책 결정자들은 기업들의 상품에 대한 가격 담합과 같이 사회적으로 바람직하지 못한 행동을 막기 위해서, 게임 참가자인 기업들이 죄수의 딜레마 상황에 처해 스스로 바람직한 행동을 선택하도록 디자인하기도 한다. 예를 들어, 리니언시leniency는 '관대, 관용, 자비' 등의 의미가 있는 단어로, 담합을 깨기 위해 정부가 운영하는 '자진 신고자 감면제'를 일컫는 말이다. 리니언시 제도는 담합에 참여한 기업이 그 사실을 다른 기업보다 먼저 공정거래위원회에 자진 신고하면 그 기업에 대해서 과징금을 면제해 준다. 이 제도는 서로 담합한 기업들이 서로를 믿지 못해 먼저 약속을 깨는 행동을 하도록 인센티브를 준다. 담합으로 상호 이익을 얻으려는 유인이 강한 기업들이 서로를 믿지 못하고 먼저 약속을 깨도록 게임의 구조를 바꾸는 것이다.

죄수의 딜레마와 비슷한 측면이 있지만 또 다른 상호 작용의 문제로 '합성(구성)의 오류fallacy of composition'가 있다. 어떤 문제를 해결하기 위해 한 개인이 하는 합리적인 행동을 전체 구성원이 똑같이 하면 전체적으로는 합리적이지 못한 경우를 말한다. 사람이 많은 호프집이나 음식점에서 대화 상대방에게 잘 들리게 하려고 목소리를 높이면, 다른 사람들도 점점 목소리를 높이고 고함을 쳐야만 대화가 가능해질 정도로 시끄러워진다. 이제는 어떻게 해도 목만 아프지 모두 대화가 잘 안 들린다. 앉아서 경기를 보는 축구장에서 나 혼자 일어서면 경기를 잘 볼 수 있지만, 다른 관중들도 똑같이 일어서면 결국은 모두 다리만 아프다. 결과적으로 모든 사람이 앉아서 보는 것과 마찬가지이다.

죄수의 딜레마나 합성의 오류 상황이 아니더라도 오늘날 우리는 주어진 환경 속에서 다양한 방식으로 탈리오 법칙이나 황금률을 적용할 수 있다. 끼어들기와 꼬리물기가 판치는 도로, 왁자지껄한 커피숍과 식당, 가방으로 자리부터 맡아 놓고 주문하는 패스트푸드점, 올라가기(내려가기) 위하여 내려갈(올라갈) 때 탄 후 올라가는(내려가는) 엘리베이터 등에서 가능하면 탈리오 법칙보다는 황금률을 적용하도록 나부터 선의를 가지고 출발하면 어떨까?

서는 곳이 달라지면 풍경도 달라진다

원작 웹툰과 TV 드라마로 인기가 있었던 〈송곳〉의 명대사를 들어 보았을 것이다. "당신들은 안 그럴 거라고 장담하지 마. 서는 데가 바뀌면 풍경도 달라지는 거야." '내가 하면 로맨스, 남이 하면 불륜'이라는 상투적인 말을 멋지게 표현한 것이다. 스포츠 경기에서도 어느 팀을 응원하느냐에 따라 똑같은 행동을 한 사람이 비겁한 놈이 되기도 하고 훌륭한 선수가 되기도 한다.

어떤 사람이 처한 현실이나 과거의 경험은 사람이 세상을 바라보고 이해하는 방식인 '사고 모델mental models'에 큰 영향을 끼친다. 사고 모델에 관한 우화를 그린 《네안데르탈인의 그림자》를 보면 다음과 같은 말이 나온다.

"부기는 그제서야 왜 두 부족이 서로 전쟁까지 하게 되었는지 이해되었습니다. 두 개의 서로 다른 망루가 그들에게 두 가지 서로 다른 관점을 갖게 했던 것입니다."

이 우화에서 네안데르탈인의 한 부족은 동물이 많이 내려다보이는 망루에서 성 밖을 보며 활과 창을 준비해야 한다고 했고, 다른 한 부족은 많은 과일나무가 보이는 망루에서 성 밖을 보며 바구니와 베틀을 준비해야 한다고 했다. 두 부족은 서로 자기주장이 확실하다며 전쟁까지 하고 함께 파멸했지만, 주인공 부기는 두 망루에 다 올라 보고서 왜 두 부족이 싸웠는지 이해했다.

필자는 소듐냉각고속로sodium cooled fast reactor와 토륨원자로thorium reactor를 주장하는 전문가들과 함께 소규모 토론회에 참가한 적이 있다. 현재 우리나라에 있는 원자력발전소는 물(경수나 중수)을 냉각재로 사용하지만, 소듐로는 액체 소듐(나트륨)을 냉각재로 사용한다. 소듐을 냉각재로 사용하면 용융점은 섭씨 98도로 낮고, 비등점은 섭씨 883도로 높아 효율적이고 사용후핵연료를 줄일 수 있는 고성능의 시스템을 설계할 수 있다. 그러나 소듐은 물과 반응하면 폭발하고 공기와 만나면 화재가 발생하는 문제점이 있다. 토륨원자로는 우라늄 대신 매장량이 풍부한 토륨을 핵연료로 사용해 외부에서 중성자를 넣어 주지 않으면 핵분열 연쇄반응이 지속되지 않아 상대적으로 안전하다. 토륨로 전문가는 소듐로가 화재에 취약하다는 점을 강조하나, 소듐로 전문가는 그 문제는 이중벽 전열관과 이중 배관으로 해결할 수 있다고 주장한다. 반대로 소듐로 전문가는 토륨로가 외부에서 중성자를 넣어 주지 않으면 핵분열을 일으킬 수 없어 비경제적이라고 강조하나, 토륨로 전문가는 사이클로트론과 같은 장치로 크게 비용을 들이지 않고 토륨로를 운영할 수 있다고 주장한다. 전문가들도 내 주장은 해결방안, 네 주장은 문제라는 식으로 토론을 전개했다. 지금 벌어지는 탈핵 정책과 관련한 원자력과 신재생 에너지 사이의 논란도 유사하다고 생각한다.

교수들이 내가 하면 사회참여이고 남이 하면 폴리페서라고 한다. 선거 때만 되면 후보자들은 선거구민들에게 또는 국민에게 무엇을 해 주겠다는 식으로 많은 공약을 내놓는다. 후보자들은 내가 제시하는 것은 복지 공약, 다른 후보자가 하면 포퓰리즘이라고 한다.

이와 관련해 심리학이나 선거 등에서는 프레임이라는 용어를 자주 사용한다. 프레임은 창틀이란 뜻으로, 관점이나 생각의 틀로 이야기한다. 같은 현상도 관점에 따라 전혀 다르게 볼 수 있다는 것이 프레임의 법칙frame law이다. 질문이 달라지면 대답이 달라지고 관점이 달라져야 원하는 대답을 얻을 수 있다는 것이다. 다음은 프레임의 법칙을 쉽게 이해할 수 있는 널리 알려진 우화이다.

어느 날 한 젊은 신부가 주교에게 "제가 기도 중에 담배를 피워도 되나요?"라고 물어보았다. 주교는 단호하게 "아니!"라고 대답했다. 얼마 후 그 젊은 신부는 선배 신부가 기도 중에 담배를 피우는 것을 보았다. 젊은 신부는 선배에게 주교께서는 기도 중에 담배를 피워서는 안 된다고 하셨다고 말했다. 그랬더니 그 선배 신부는 웃으며 젊은 신부에게 자신이 주교께 한 질문과 대답을 알려 주었다. 자신이 "주교님, 담배 피우는 중에 기도를 드려도 되나요?"라고 여쭈어보았더니, 주교께서 "기도는 언제 어디서나 할 수 있는 것입니다. 담배를 피우는 중에도 기도를 드리겠다는 마음을 갖는 것은 은혜지요"라고 대답했다는 것이었다.

같은 현상도 관점에 따라 전혀 다르게 볼 수 있다. 생각의 틀을 바꾸면 불행도 행복으로 느낄 수 있고, 정의가 불의가 될 수도 있다. 언어학자 조지 레이코프George Lakoff는 프레임을 "특정한 언어와 연결되어 연상되는 사고의 체계"라고 정의하고, 우리가 언어생활을 할 때 항상 프레임이 작용하고 있다고 주장했다. 어떤 사람들은 '국가보안법'이나 '테러방지법'이라는 작명으로 이를 반대하기 어렵게 하는 것이나, 재계에서 "비정규직을 줄이면 일자리 46만 개 사라진다"라고 주장하고, 노동계에서는 "비정규직을 늘려 실업률 낮추는 게 대책인가"라고 문제를 제기하는 것도 서로 비정규직과 일자리를 둘러싸고 프레임 전쟁을 하고 있다고 평가한다. 이처럼 우리나라에서는 정치적으로 유리한 구도를 만들기 위해 대중의 사고 틀을 규정하려는 노력으로 프레임이 널리 알려졌으나 실제는 더 큰 개념이다. 프레임은 생각을 효율적으로 하기 위해 생각의 방식이 공식화되는 것으로, 자신이 가진 프레임에 따라 어떤 조건을 주면 반응이 정해진다는 것이다. 프레임은 단기적으로는 고정된 것처럼 보이지만, 장기적으로 보면 인간이 성장하면서 변화할 수 있다.

서는 곳을 바꿔 보는 훈련이 필요하다. 말 그대로 역지사지易地思之가 필요하다. 단순히 타인과 나의 입장을 바꿔 보자는 생각에서 한 발짝 더 나가야 한다. 1일 사장, 1일 장관과 같은 역할 바꾸기나 1일 시각, 청각 장애인 체험 등으로 직장이나 사회에서 개선할 점을 찾는 것도 한 방법이다. 부모와 자녀의 역할을 바꿔 보는 훈련, 토론이나 스포츠에서 공격과 수비를 바꿔 보는 훈련, 중고차를 파는 사람과 사는 사람으로 입장을 바꿔 보는 훈련 등도 필요하지만 이를 확대할 필요가 있다. 동해 명칭 문제를 한국인과 일본인의 관점에서만 보는 것이 아니라 세계인의 관점에서 보는 법처럼 제삼자적 관점으로 한 걸음 더 나가야 한다.

또한 서는 곳을 단순히 물리적, 장소적 개념으로 생각해서는 안 된다. 시간의 흐름에 따라 달라지는 시간적 장소도 고려해야 한다. "개구리 올챙이 적 생각 못한다"라는 속담이나, 토끼 사냥이 끝나면 잡아먹힌다는 '토사구팽兎死狗烹'의 사자성어처럼 시간이나 사건의 변화에 따라 자신이 서는 위치가 달라지는 것도 생각해야 한다. 수지 웰치Suzy Welch의 《10-10-10: 인생이 달라지는 선택의 법칙》은 시간 변화에 따라 지금의 내 결정이 가져올 결과를 예측하고 의사 결정을 내리라고 이야기한다. 지금 내리는 결정이 10분, 10개월, 10년 후, 즉 지금 당장, 가까운 미래, 먼 미래에 있어 당신 인생에 가져올 결과를 함께 예측하고 선택하라는 것이다.

빨간
옷을
입어라

철강왕으로 잘 알려진 앤드류 카네기Andrew Carnegie가 자신의 제철소를 시찰하고 있을 때 한 청년이 성공 비결을 물어보았다. 그곳에는 모든 노동자가 파란 셔츠를 입고 열심히 일하고 있었다. 카네기는 "성공 비결은 열심히 일하고, 빨간 셔츠를 입는 것이다"라고 했다. 성공하기 위해서는 성실한 것만으로 충분하지 않고, 군중 속에서 도드라지는 무엇인가가 필요하다는 것이다.

과거 중국에서도 이러한 전략을 사용한 사람이 있다. 안시성 전투에서 눈부신 활약을 거두어서 파격적 승진을 한 설인귀薛仁貴(614~683)가 대표적이다. 당나라가 안시성을 공격할 때 설인귀는 기이한 옷(奇服, 흰 도포)을 입고 활약해서 당 태종 이세민의 눈에 띄고, 유격장군에 임명된다. 주머니 속에 있는 송곳은 가만히 있어도 밖으로 나온다는 '낭중지추囊中之錐'라는 말이 있지만, 수십만 명이 싸우는 전쟁터에서 실력이 좋다고 쉽게 눈에 띌 수 있는 것은 아니다.

사마천이 지은 사기史記의 평원군전平原君傳에 낭중지추와 모수자천毛遂自薦이라는 고사성어의 유래가 나온다. 중국 전국시대 말엽, 조나라가 진나라의 공격을 받자 혜문왕惠文王은 동생인 평원군平原君을 초나라에 외교사절로 보내 구원군을 요청하려고 했다. 평원군은 3,000여 명의 식객 중에서 20명의 수행원을 뽑으려고 했다. 19명을 쉽게 뽑고, 나머지 한 명을 뽑지 못한 채 고심하고 있을 때 한 낯선 사람이 나타나 자신을 데려가 달라고 요청했다.

평원군은 물었다.

"그대는 누구인가?"

"저는 모수毛遂라고 합니다."

"그대는 내 집에 온 지 얼마나 되었는가?"

"3년째입니다."

평원군은 되물었다.

"뛰어난 재능은 마치 주머니 속의 송곳 끝이 밖으로 나오듯 남의 눈에 띄는 법인데, 당신은 내 집에 온 지 3년이나 되었지만 한 번도 이름을 드러내지 못하지 않았소?"

"공께서 지금까지 저를 한 번도 주머니에 넣어 주시지 않으셨기 때문입니다. 이번에 주머니에 넣어 주신다면 끝뿐만 아니라 자루까지 드러내 보이겠습니다."

이에 평원군은 모수를 스무 번째 수행원으로 뽑았고, 초나라에 간 평원군은 모수의 활약 덕분에 구원군을 얻을 수 있었다. 이 고사를 엄밀히 해석하면, 재능이 있어도 3,000명이라는 많은 식객 중에서 모수가 자신을 드러내지 못한 것처럼 낭중지추가 아니라, 남들은 가만히 있을 때 모수가 자신을 천거하는 빨간 옷 전략, 즉 모수자천이 옳다는 것을 보여 준다.

빨간 옷을 입으면 잘할 때뿐만 아니라 잘 못할 때도 확실히 드러난다. 한마디로 '고위험 고수익'인 것이다. 내가 무리에 섞인 어떤 사람의 능력을 꿰뚫어 볼 수 있는 혜안이 없는 것처럼 나의 능력을 꿰뚫어 볼 수 있는 혜안을 가진 사람도 없다. 따라서 평균적인 삶이 아니라 어떤 분야에서 두각을 드러내기 위해서는 다른 사람과 구별 지을 수 있는 자신만의 붉은 옷을 찾을 필요가 있다. 빨간 옷 전략은 적어도 후발자나 소수자가 성공하기 좋은 전략이다.

빨간 옷은 스스로 선택해서 입을 때만 영향을 미치는 것은 아니다.

다른 사람에게 빨간 옷을 입혀도 비슷한 효과가 나타난다. 1920년대 하버드대학교의 교수들은 호손 웍스Hawthorne Works라는 공장의 노동자들을 대상으로 조명의 밝기와 같은 노동환경이 생산성에 미치는 영향에 대해 실험했다. 먼저 두 집단으로 나누어 밝은 조명과 어두운 조명 아래에서 작업을 시켰더니, 밝은 조명 아래에서보다는 못하지만 어두운 조명 아래에서도 노동생산성이 높아졌다. 심지어 조명을 원래 상태로 되돌려 놓은 후에도 생산성이 높게 나타났다. 노동자들은 자신들이 하버드대학교 교수들에게 선택되었다는 것, 즉 빨간 옷을 입었다는 것 때문에 더 열심히 일한 것이다. 이것을 '호손 효과Hawthorne effect'라고 한다.

자기 자신을 자극하기 위해서 빨간 옷을 입는 것처럼 다른 사람을 자극하기 위해서 빨간 옷을 입히는 전략을 사용할 수 있다. 자녀나 가르치는 학생에게 무엇을 기대하고 어떤 빨간 옷을 입힐 것인가, 부하 직원이나 직장 상사 그리고 정치인에게 무엇을 기대하며 어떤 빨간 옷을 입힐 것인가 같은 즐거운 상상을 하고 실험해 보면 어떨까?

대중은
지혜로운가

대중은 합리적이고 지혜로운가, 아니면 감정적이고 우매한가에 대해 오랫동안 논의가 있었다. 정치학에서는 엘리트와 매스, 엘리트주의와 대중주의를 대척 관계로 파악하기도 했다. 민주주의에서도 엘리트와 대중의 차이를 간접 민주제와 직접 민주제의 장단점을 주장하는 논거로 들기도 했다. 간접 민주제와 관련해서 대중보다 엘리트의 결정이 합리적이기 때문에 간접 민주제를 해야 한다는 주장부터 인구 규모와 행정의 다양성 등 현실적인 어려움 때문에 과거 아테네와 같은 직접 민주제를 운영할 수 없고, 간접 민주제가 필연적이라는 의견까지 다양하다.

반대로 대중이 지혜롭기 때문에 직접 민주제를 해야 한다는 의견부터 시민의 지배라는 민주주의의 본령에 충실하다는 관점에서 정보통신의 발전 등에 따라 향후 직접 민주제적인 요소를 더 많이 가미해야 한다는 주장까지 직접 민주제에 관한 의견도 다양하다. 대중의 의사를 어떤 일에 반영해야 하나, 어떻게 반영하는 것이 합리적인가, 변화하는 대중의 의사를 언제 파악하고 언제 반영할 것인가와 같은 다양한 질문을 할 수 있다.

제임스 서로위키James Surowiecki는《대중의 지혜》에서 탁월한 소수보다 평범한 다수, 즉 대중이 지혜롭다고 한다. 이와 관련해 집단지성이라는 말이 유행하기도 했다. 물론 서로위키는 군중심리와 같이 대중이 가진 한계를 알고, 대중이 지혜롭기 위해서는 몇 가지 조건이 필요하다고 한다. 먼저 집단 사고의 덫에 빠지지 않도록 집단 구성원의 다양성이 있어야 하고, 개인의 독립성이 방해받지 않아야 하며, 분산화와 통합이라는 의사 결정 과정이 있어야 한다고 한다. 하지만 현실 세계에서 이러한 조건을 충족하기는 말처럼 쉽지 않다.

집단지성이라는 우리말 번역과 관련해서도 이견이 있다. 대중의 지혜를 인정하더라도 집단이 지성을 갖는다고 인정하기 어렵기 때문에 집단지능으로 해석하자는 의견에 필자도 동의한다. 대중이 지혜를 발휘하려면 우리 사회가 최소한 서로위키가 제시한 조건을 만족시킬 수 있는 성숙한 사회가 되어야 한다. 또한 이를 활용하기 위한 분야를 찾아 대중을 참여시켜 해결책을 찾고 문제에 적용하는 절차를 만들어야 할 것이다.

집단지능과 군중심리의 간격은 그리 크지 않다. 사람마다 다르겠지만 한국 사회에 있었던 2008년과 2017년의 촛불집회, 태극기집회에 대해서도 어떻게 평가할 것인가? 서로위키가 제시한 구성원의 다양성, 개인의 독립성, 의사 결정 과정의 분산화와 통합이라는 조건을 분석하고 결과와의 연관 관계를 분석하면 대중이 지혜로웠는가를 평가할 수 있을 것이다. 참여자의 차이는, 과정의 차이는, 결과의 차이는? 차이가 있다면 그 차이는 어디서 기인한 것인가? 단순한 질문부터 복잡한 분석까지 여러 가지를 묻고 연구할 점이 많다.

2017년 여름 충북 지역의 큰 홍수 피해에도 불구하고 유럽으로 연수를 떠났던 충북 도의원 중 한 명이 국민을 레밍에 비유했다고 보도되어서 국민의 공분을 샀다. 레밍(나그네 쥐)은 독일 동화《하멜른의 피리 부는 사나이 Der Rattenfänger von Hameln》의 쥐처럼 집단 자살하는 쥐로 유명하다. 데이비드 허친스는《레밍 딜레마》에서 절벽에서 뛰어내려 집단 자살하는 레밍처럼 우리가 아무런 의문을 제기하지 않고 고정관념이나 인습을 쫓아 행동한다는 것을 우화로 이야기한다. 물론 좋은 전통은 우리가 항상 새로운 것을 찾아 에너지를 낭비하지 않도록 해 준다. 하지만 반대로 나쁜 전통은 우리 사회에 큰 손실을 가져온다. 실제로 그런 일이 많이 벌어진다. 레밍이 아니라 집단의 힘을 발휘할 수 있는 지혜로운 대중이 되기 위해서는 무엇이 필요할까?

홍보와 밴드왜건 효과

대중이 지혜롭다면 왜 거짓이나 과장이 섞인 내용을 반복적으로 선전하거나 광고하는가에 대해 의문을 제기할 수 있다. "대중은 이해력이 부족하고 잘 잊어버린다"라는 나치의 제국선전부 장관이었던 파울 괴벨스Paul Joseph Goebbels가 한 말을 들어 보았을 것이다. 괴벨스의 말대로 당시 독일 국민 대다수는 나치의 선전과 선동에 넘어갔다.

'밴드왜건 효과bandwagon effect'는 악대차 효과 또는 편승 효과便乘效果로 번역되는데, 미국 제12대 대통령 재커리 테일러Zachary Taylor의 선거운동을 위해 악대樂隊를 동원해 사람들의 관심을 집중시킨 데서 유래한 용어이다. 밴드왜건은 퍼레이드 행렬의 맨 앞에 위치한 악대 차량을 뜻하며, 밴드왜건 효과는 몇 명의 사람들이 악대 차량을 따라가기 시작하면 많은 사람이 무엇인지도 모르고 따라간다는 것이다. 즉, 어떤 것이 유행하기 시작하면 점점 더 많은 사람이 그것을 따라 하는 효과, 시대 흐름에 편승하는 효과를 말한다. 선거에서 될 사람을 밀어주는 현상, 1등 상품의 시장점유율이 점점 높아지는 현상 등으로 나타난다.

경제학에서 시장의 수요곡선은 개인 수요곡선의 총합으로 나타내는데, 밴드왜건 효과가 나타나는 재화에서는 개인의 수요가 가격과 개인의 선호뿐만 아니라 다른 사람의 수요에도 영향을 받는다는 것이다. 다시 말해, 서로위키가 제시한 개인의 독립성이라는 조건을 만족시키지 못한다.

대중의 지혜는 집단 의사 결정과 행동의 합리성으로 평가할 수 있다. 그리고 합리성에 대한 정의, 과정과 결과와 같은 평가 대상 등으로 문제가 확대되어 나간다. 더 근본적으로는 인간의 합리성에까지 의문을 제기할 수 있다. 우스갯소리로 인간은 합리적 존재가 아니라 합리화하는 존재라는 말도 있다.

　대중이 지혜롭기 위해서는 개인의 독립성을 유지할 수 있어야 한다. 전통적인 신문, 방송은 물론 최근에 더욱 활성화되는 SNS, 팟캐스트 등의 인터넷 매체로부터 개인의 독립성을 유지하기 위해서는 미디어 리터러시media literacy를 높여야 한다. 대중매체는 대중매체대로, 1인 매체는 1인 매체대로 각 매체가 가진 한계를 이해하면서 활용해야 한다. 집단을 이루는 구성원의 다양성을 확보하기 위한 노력도 이루어져야 한다. 친목을 다지기 위한 동창회나 향우회가 아니라 공공 이익을 위한 집단의 의사 결정이 필요한 경우 구성원의 다양성을 어떻게 확보할 것인가에 대한 고민을 조직 설계에 반영해야 한다.

대중의
직관을
파악하라

직관은 진화의 산물이기도 하고, 학습의 결과물이기도 하다. 또한 인류가 오랜 시절 경험해 온 바를 두뇌에 기록한 결과물로 개인이 경험하거나 학습한 것이 쌓여 무의식중에 나타나는 것이다.

개개인만이 아니라 대중이라는 집단도 직관을 가진다. 당장 무엇이라고 꼬집어서 말하지는 못하지만 깊게 살펴보면 그 근거를 알 수 있는 대중의 직관이 있다. 이 직관을 따르면 개미 떼가 지진을 피하는 것처럼 집단은 큰 어려움을 피할 수 있거나 큰 기회를 잡을 수 있다.

존 L. 캐스티John L. Casti는 《대중의 직관》에서 이 직관을 집단의 미래에 대한 생각 또는 사회적 분위기로 이야기한다. 캐스티는 어느 집단의 미래에 대한 생각이 앞으로 일어날 사건의 유형을 결정한다고 주장한다. 사람들의 상호 작용의 결과로 사회적 분위기가 조성되고, 이 사회적 분위기가 사회적 행동을 특징짓는다는 것이다.

한 인구 집단의 분위기를 측정하기에 가장 좋은 수단 중의 하나가 주가이다. 또한, 건설 과정에 상당한 기간이 소요되는 세계 최고층 건물은 해당 국가의 경제 주기를 알려주는 중요한 지표이다. 주가와 세계 최고층 건물의 건설을 연관 지어 보면, 각국에서 미래에 대해 아주 낙관적일 때 주가지수는 빠른 속도로 상승하고, 그 나라는 세계 최고층 건물을 계획하고 착공한다. 거꾸로, 세계 최고층 건물이 완공되는 시점에는 주가지수가 바닥으로 떨어진다. 1997년 말레이시아 페트로나스 타워(452미터)가 세계에서 가장 높은 빌딩이 되는 시점에 수도 쿠알라룸푸르 주가지수는 폭락했고, 동남아 외환위기가 찾아왔다. 그리고 타이베이 101 빌딩(508미터), 두바이의 부르즈 할리파(828미터)가 각각 세계 최고층 빌딩이 되는 시점에서도 해당 국가의 주가지수가 폭락했다. 과거 오랫동안 세계 최고층 빌딩의 지위를 누린 뉴욕의 엠파이어 스테이트 빌딩(381미터), 시카고의 윌리스 타워(443미터)도 대공황과 스태그플레이션과 연결되어 비슷한 사례로 인용된다.

이것은 최고층 건물을 지으면 불황에 빠진다는 '마천루摩天樓, skyscraper의 저주'라는 개념으로 연결된다. 최고층 빌딩은 면적당 건설비가 많이 들고, 공간도 비효율적으로 이용하여 경제적이지 못하나 외부에 부와 힘 등 자신의 존재를 알리는 좋은 수단이다. 하늘에 닿고자 하는 교만이 가져온 파멸을 말하는 바벨탑 사건과도 비슷한 느낌이다. 캐스티는《대중의 직관》에서 어느 나라가 세계에서 가장 높은 건물을 착공하면 최대한 빨리 그 나라 주식시장을 떠나라고 한다. 세계 최고층 건물을 계획하는 것을 그 국가의 카나리아로 볼 수 있지 않을까?

사람 많은 곳에 가지 말라는 이야기를 들어 보았을 것이다. 투기는 기본적으로 낙관적인 사람이 몰리는 것이다. 사람이 많아지면 경기가 살아나고 좋을 것이라고 생각하지만 어느 한도를 벗어나면 관성으로 사람이 점점 더 많아지고 궁극적으로는 풍선이 터진다. 17세기 네덜란드 튤립 투기부터 20세기 일본의 땅 투기, 미국의 인터넷 버블까지 투기의 역사는 이러한 결과를 잘 보여 준다.

1637년 네덜란드에서는 튤립 구근 하나가 숙련된 장인의 10년 치 연봉 이상으로 올랐다. 그리고 1988년 일본에서는 "도쿄 땅을 전부 팔면, 미국 땅을 전부 살 수 있다"라는 말이 나오며 시가 총액 기준으로 세계 50대 기업 중 33개가 일본 기업일 정도로 부동산과 주식의 거품이 커졌다. 결국 네덜란드는 경제대국의 자리를 영국에 건네주고, 일본은 '잃어버린 10년'이라는 아픔을 느꼈다. 하지만 오늘날에도 여전히 상투를 잡거나 풍선이 터질 때까지 잡고 있는 사람이 많다.

주식의 격언 중에 소문에 사고 뉴스에 팔라, 인기주는 초기 시세에 따라 붙어라와 같이 선발자가 되라는 말이 많다. 노래방, 커피숍 등 자

영업을 시작하는 것도 유행을 앞서는 사람이 이득을 보았다. 시장 분위기에 도취하지 말라, 대중이 가는 뒤안길에 꽃길이 있다는 주식 격언도 대중의 직관을 어떻게 파악해야 하는지 알려 준다.

사회적 분위기는 달이 차면 기울고, 기울면 다시 차는 것처럼 낙관에서 비관으로, 비관에서 낙관으로 계속해서 순환한다. 우연한 사건이 역사를 바꾸는 것만 가능한 것이 아니라 사회적 분위기가 역사를 바꾸는 사건을 만들 수 있다는 것도 기억해야 한다.

제삼자적 관점을 가질 수 있는가

1인칭의 '나'나 2인칭의 '너'가 소설의 주인공이 되는 경우도 있지만, 많은 경우에 3인칭인 '그'나 '그녀'가 소설의 주인공이 된다. 이 세상도 내 자신이나 내가 아는 가까운 당신이 주인공이 아니라 멀리 있는 제삼자가 주인공이 되는 경우가 많다. 그렇다고 아쉬워하지 말자. 내 일상에서는 내가 주인공이니까. 하지만 내가 주인공이기 때문에 나는 영화 〈다이하드〉의 주인공처럼 죽지 않는다고 생각해서는 안 된다. 나는 너무나도 약한 존재이다.

물은 물이요

사물이나 현상을 있는 그대로 보는 것은 생각만큼 쉽지 않다. 불교(유식학)에는 일수사견一水四見이라는 말이 있다. 똑같은 물이라도 누가 바라보는가에 따라 다르게 여겨진다는 것이다. 사람이 보면 마시는 물이지만, 물고기에게는 사는 집이고, 천사에게는 수정(유리), 아귀에게는 피고름(농혈)으로 보인다는 것이다. 베이컨이 말한 '종족의 우상'의 불교 버전이라고 생각하면 된다. 눈에 보이는 물도 이렇게 서로 다르게 보는데, 보이지 않는 것을 두고는 얼마나 많은 방법으로 다르게 볼 수 있겠는가? 따라서 내 생각이 옳다고 확신하는 것은 어리석은 짓이다. 이와 관련하여 이성계와 무학대사의 잘 알려진 일화가 있다.

이성계가 무학대사에게 이렇게 말했다.

"스님! 내가 보기에 스님은 마치 돼지처럼 보입니다."

무학대사는 대답했다.

"제가 보기에 상감은 마치 부처처럼 보입니다."

"아니, 스님! 내가 스님을 '돼지'라고 놀리면 스님도 나를 무어라 흉보셔야 재미가 있지 나를 '부처'라고 하니 재미없지 않습니까?"

그러자 무학대사가 말했다.

"개 눈에는 똥만 보인다고, 돼지 눈에는 돼지가 보이고 부처 눈에는 부처만 보이는 법입니다."

상대에게 문제가 있어 보이는 것은 곧 나에게 문제가 있기 때문이다.

성경에 "송사에 원고의 말이 바른 것 같으나 그 피고가 와서 밝히느니라(잠언 18:17)"라는 구절이 있다. 재판부가 한쪽의 말만 듣고 판결을 내리면 안 되는 것처럼 우리가 판단할 때도 나와 상대방의 입장을 모두 반영할 수 있도록 제삼자의 시각을 가지려 노력해야 한다. 남을 비난하거나 비판할 때, 상대방의 견해를 듣고 상황을 정확히 파악하기 전까지는 나의 주관적인 판단을 잠시 보류하면 어떨까?

사람들은 토론할 때 토론 상대방을 설득해서 이기려고 한다. 하지만 토론 상대방을 설득하는 것은 거의 불가능하다. 논리적으로 상대방이 납득하지 못하는 경우도 많지만, 논리적으로 납득했어도 상대방이 그것을 인정하는 것은 더 어렵기 때문이다. 눈에 보이는 실수나 잘못을 인정하기도 어려운데, 눈에 보이지 않는 논리적인 모순을 인정하기는 더 어렵다. 따라서 토론할 때는 상대가 아니라 제삼자, 즉 토론의 사회자나 청중을 대상으로 설명하고 설득하는 것을 목표로 해야 한다.

"남이 놓은 것은 소도 못 찾는다"라는 속담이 있다. 다른 사람이 놓아둔 물건은 소처럼 큰 것도 찾기 어렵다는 것이다. 왜 소가 눈에 보이지 않는 것일까? 이유는 단순하다. 상황을 자신의 입장에서 파악하고 사물을 찾기 때문이다. 상대방의 관점이나 제삼자의 관점에서 상황을 파악하면 어디에 사물이 놓여 있는지 알 수 있다. 많은 사람이 이사하거나 청소하면서 중요한 물건을 잘 보관하려고 평소에 두던 곳이 아닌 장소에 잘 놓아두었다가, 나중에 찾는 데 어려움을 겪는다. 평소의 내가 아닌 특별한 내가 되었기 때문에 물건을 잘 놓아두었어도 찾기 어려운 것이다. 이런 경우 물건을 찾기 위해서도 평소의 자신이 아닌 특별한 경우의 자신이 되어 생각해 보아야 한다.

전지적 작가 시점에서 쓰인 소설을 읽으면 모든 등장인물의 행동은 물론 심리 상태와 현재 벌어진 상황까지도 다 알 수 있다. 전지적 작가 시점을 가질 수는 없지만 내가 처한 상황이나 세상을 바라볼 때 제삼자의 시점으로 바라보려고 노력하면 좀 더 객관적으로 상황을 파악할 수 있지 않을까.

다른
사람을
어떻게
대할까

아더 모맨드Arthur Momand는 만화 〈Keeping up with the Joneses 존스 가족 따라잡기〉를 1913년부터 시작해 28년 동안 신문에 연재했다. 만화에서 맥기니스 가족은 옆집 존스 가족에게 뒤지지 않으려고 안간힘을 쓰는 것으로 그려졌는데, 여기서 '존스 가족 따라잡기'는 이웃보다 나아 보이려는 욕망을 나타내는 미국의 관용구가 되었다. 최근에는 방송 통신의 발달로 비교 대상이 옆집에서 TV나 소셜 미디어에 등장하는 세계 최고의 부자나 인기 연예인으로 바뀌었다. 세계 최고의 부자인 빌 게이츠를 빗대어 '게이츠 가족 따라잡기Keeping up with the Gateses'라는 말까지 나올 지경이 되었다. 특정 대상을 나와 비교하고 살면 정신적으로 행복하기는 어려울 것이다. 우리나라에서는 절대로 따라잡을 수 없는 것은 엄마 친구 아들의 성적이라는 유머가 유행한 적도 있었다.

그렇다면 엄마 친구 아들을, 옆집 사람을, 빌 게이츠 가족을 어떻게 생각해야 할 것인가?《네안데르탈인의 그림자》를 보면 '사고 모델'이라는 말이 나온다. "우리가 우리 자신과 세상, 조직에 대해, 그리고 그것들에 적응해가는 방식에 대해 가진 신념, 이미지, 가정"을 가리키는 말로 심리학자 케네스 크레이크Kenneth Craik가 제시한 개념이다. 우리는 우리의 사고 모델에 따라서 생각하고 행동하기 때문에 우리의 사고 모델을 개방적이고 유연하게 해야 한다. 우리 사고 모델의 불완전성과 한계를 알고 인정하는 것에서 우리의 생각을 출발해야 한다.

우리의 사고 모델을 형성하는 출발점은 출생 장소와 시간이다. 어디에서 태어나 자랐는지가 중요하다. 대한민국 양구에서 태어난 개구리가 힘껏 움직여도 어디까지 갈 수 있을까? 미국으로 갈 수 있을까? 우물 안의 개구리라는 말처럼 우리가 아무리 노력해도 '현재 이곳'에서 벗어나기는 쉽지 않다. 최근에 우리 사회에 금수저, 은수저, 동수저, 흙수저, 무수저와 같은 수저론이 나온 것도 이와 무관하지 않을 것이다.

다음은 인생 경로이다. 인생 경로는 교육과 학습을 포함하여 경험이라는 말로 대표되는 인생의 지나온 과정이다. 같은 온도의 물에 손을 담가도 뜨거운 물에 넣었던 손을 빼서 담그는 것과 차가운 물에 넣었던 손을 빼서 담그는 것은 차이가 있다. 매일 혼내다가 한 번씩 칭찬하는 상사의 평판이 매일 칭찬하다가 한 번씩 혼내는 상사의 평판보다 좋을 수 있는 것도 이런 경로와 무관하지 않을 것이다.

상호성을 인정하라

합리적인 의사 결정에서 직접, 간접으로 관계를 맺는 상대방을 인정하는 것이 필요하다. 그리고 그 관계는 일회성이거나 단기적인 관계가 아니라 장기적인 관계라는 것도 기억해야 한다. 예전에는 어느 곳에 가든지 기차역이나 버스 정류장 앞에 있는 식당에서는 식사하지 말라고 조언했다. 역 앞에 있는 식당은 뜨내기손님에게 한 번 음식을 팔면 끝이라는 생각으로 음식을 대충 만들어 맛이 없고, 서비스도 나쁘다는 것이었다. 하지만 지금 시대는 다르다. 나는 그 식당에 평생 한 번 가볼 뿐일지 모르지만, 나와 식당과의 관계가 블로그, 별점 등을 통해 다른 사람에게 영향을 미치고 한 번의 내 경험이 오랫동안 많은 사람에게 영향을 끼친다.

개인적으로도 다른 사람과 좋은 관계를 만들고 협조를 끌어내기 위해서는 일회적인 관계가 아니라 지속적인 관계를 만들어야 한다. 상대의 성공을 질투하지 않고 상대를 배반하지 않는 것도 필요하다. 또한 상대의 협력에 대한 보답도 필수적이다.

왕춘용은 "미래가 없는 사랑은 반드시 배신한다"라고 하면서도 "세상의 모든 연인들은 미래의 불확실한 고통을 받아들인다. 서로의 마음이 절대 변하지 않는 것이 연인들이 얻고자 하는 가장 바람직한 결말이다. 그리하여 하늘에서는 비익조(암수가 짝을 지어야만 날 수 있는 새)가 되고 땅에서는 연리지(뿌리가 하나로 합쳐진 나무)가 되기를 간절히 바라는 것이다"라고 한다. 다른 사람을 대할 때 불확실하지만 적어도 장기적인 관계 정립의 가능성을 열어 두어야 할 것이다.

게르트 기거렌처가 쓴 《생각이 직관에 묻다》와 캘리포니아대학교 로스앤젤레스캠퍼스 토머스 퍼거슨Thomas S. Ferguson 교수가 쓴 논문을 보면 독일 천문학자 요하네스 케플러의 배우자 선택과 관련하여 재미있는 이야기가 나온다. 가난한 집안 출신이었지만 뛰어난 업적으로 위대한 과학자로 불린 케플러는 콜레라로 첫 번째 부인을 잃은 후, 최고의 배우자를 찾기 위해 후보자의 장단점, 지참금, 후보자 부모와의 협상, 본능적 감각, 친구의 조언 등을 반영한 체계적인 방법으로 2년 동안 11명의 여성과 선을 보았다. 동료들은 배경이 좋은 네 번째 여성과 결혼하라고 했지만, 케플러는 계속 배우자를 찾았다. 그러자 모욕감을 느낀 네 번째 여성이 먼저 케플러를 거절했다. 나만 자존심이 있는 것이 아니다. 나만 최고의 배우자를 찾는 것이 아니다. 적어도 상대방의 자존심과 명예에 상처를 주지 말아야 한다. 케플러는 결국 다섯 번째 여성과 결혼했다.

오늘날에도 우리는 주어진 환경 속에서 다양한 방식으로 황금률이나 탈리오 법칙을 적용할 수 있다. 면접, 미팅이나 소개팅 등 공식, 비공식적인 만남에서 다른 사람을 대할 때 선입견을 버리고 다른 사람이 서 있는 곳에서 객관적이고 지혜롭게 사람을 보는 훈련이 필요하다.

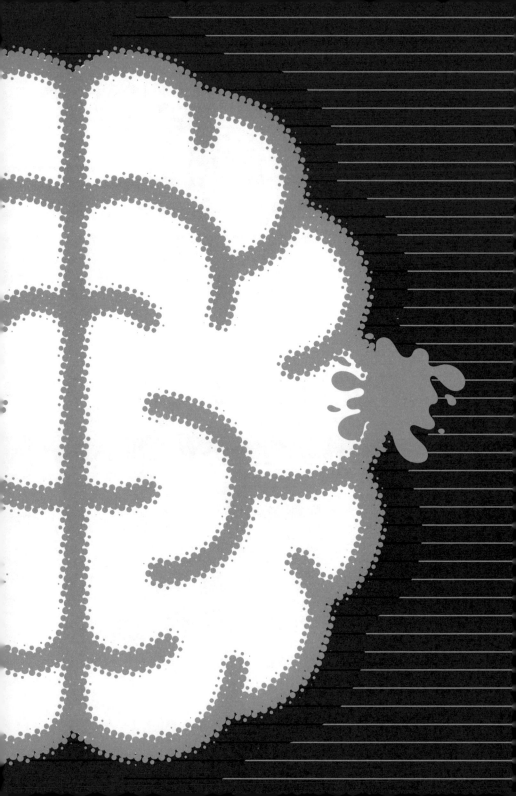

나　·　·　는

너　·　·　와

연 결 되 어

있　·　·　다

모든 것은 다 연결된다. 존 뮤어John Muir가 말한 것처럼 우리가 무언가를 떼어 내려고 하면 그것이 우주의 다른 모든 것과 연결된 것을 알 수 있다. 사람의 행동은 그 사람이 하는 생각과 연결된다. 따라서 형법으로 범죄를 저지른 사람에게 형벌을 가할 때도 의도적으로 행동한 고의범인지, 실수로 죄를 범한 과실범인지에 따라 죄목이 다르고 형량이 다르다. 대화 중에 나오는 단어나 문장도 문구 자체로 받아들이기 어렵고 상대방의 의도와 맥락으로 해석해야 알 수 있다. 또한 상대방과의 관계에서 그 사람의 행동을 해석해야 한다. 다음의 이야기를 한 문장씩 읽어 나가며 당신의 생각이 어떻게 바뀌는지 점검해 보라.

한 여자가 길거리에서 만난 어떤 노인을 갑자기 때렸다. 노인은 여자의 아버지였다. 여자는 아버지와 헤어진 후 10년 만에 우연히 만난 것이었다. 여자는 어린 시절 아버지에게 당했던 학대가 생각나서 참을 수가 없었다. 추가적인 정보가 주어지면서 여자가 한 행동에 대한 당신의 판단이 달라지는 것을 확인할 수 있었을 것이다.

모든 것은 다 연결된다

"행정administration은 진공 중에 존재하지 않는다"라는 말이 있다. 행정이 다른 것들과 상호작용을 한다는 것이다. 우리가 사는 세상은 진공이 아니다. 사회를 떠나 홀로 사는 사람이 아닌 이상 다른 사람들과 물리적, 정신적으로 관계를 맺으며 살 수밖에 없다. 홀로 사는 사람마저도 자신의 경험, 과거, 생각과 연결되어 있다. 이러한 의미에서 모든 사람은 경로 의존적이라고 할 수 있다. 경로 의존성이라는 말은 어떤 것이 만들어질 때 과거에 얽매인다는 것이다. 미국 폴 데이비드 교수와 브라이언 아서 교수가 주창한 것으로, 어떤 경로를 따라가기 시작하면 경로가 비효율적이라도 그 경로를 벗어나기 어렵다는 것이다.

EBS 〈지식채널e〉의 "우주왕복선과 말 엉덩이"라는 비디오 클립은 경로 의존성의 사례를 잘 보여 준다. 우주왕복선의 추진 로켓을 만들 때 공장에서 발사대로 옮기는 경로를 고려해서 크기를 결정할 수밖에 없었다. 열차로 운송해야 해서 열차의 철로 폭, 터널의 크기 등을 고려했다. 이 철로 폭은 세계의 절반 이상이 사용하는 표준 궤간 1.435미터(4피트 8.5인치)로 영국에서 증기기관차를 운행할 때부터 사용한 것이다. 이 열차 선로는 일반 도로에 석탄 운반용 마차 선로를 깔아 운영하던 것을 열차 선로로 바꾼 것으로, 영국을 점령했던 로마군의 마차 폭에 맞춰진 것이다. 로마 전차는 나란히 달릴 수 있는 두 말의 엉덩이 폭에 맞춰서 결정된 것이어서, 비디오 클립에 "우주왕복선과 말 엉덩이"라는 제목이 달렸다. 오늘날 컨테이너와 자동차 같이 열차로 이동되는 많은 것이 다 말 엉덩이와 연관된다.

자연과학과 경제학

사회과학 중 경제학만큼 수학을 많이 사용하는 학문은 없다. 계량경제학은 말할 것도 없지만, 박사과정의 경우 거의 모든 분야의 경제학에서 수학이 논문의 성패를 좌우한다. 현재 우리가 배우는 경제학의 기반이 되는 수요곡선과 공급곡선, 그리고 가격 결정을 설명하는 신고전파 경제학을 케임브리지대학교에서 수학과 물리학을 전공한 알프레드 마

샬Alfred Marshall이 기초를 세운 것을 봐도 수학과 경제학의 관련성을 알 수 있다. 또한, 경제학에서 수요와 공급에 따른 가격 결정, 즉 균형의 개념이나 균형이 안정적인지 아닌지 등은 물리학의 개념을 빌려서 사용한 것이다. 극단적으로 경제학을 수학과 물리학으로 경제 현상을 설명하는 학문이라고 말하는 사람까지 있다. 1990년대 이후 복잡계 물리학과 경제학을 접목한 경제물리학이 하나의 분야로 성장하면서, 소수의 학자를 중심으로 연구되고 있다. 게놈genome 시대를 맞이해서는 생물학 특히 진화론을 경제학에 접목하는 움직임도 나타났다. 진화경제학은 특히 게임이론으로 여러 가지 경제 현상을 설명한다. 또한, 미생물을 이용한 실제 실험으로 게임을 비롯한 경제적 현상을 설명하는 논문도 나온다.

주식 투자와 확률변수의 독립성

우리가 투자하는 이유는 높은 이익을 얻기 위해서이다. 하지만 "고위험 고수익"이라는 말이 있는 것처럼 투자에는 원금을 잃는 위험이 따른다. 이러한 위험을 줄이기 위해 투자 대상을 분산하라는 소위 전문가의 조언을 많이 듣는다. 투자 대상을 실물자산은 부동산과 동산, 금융자산은 예금과 주식 그리고 채권 등으로 분산하라고 조언한다. 주식에 투자할 때도 하나의 종목이 아니라 다수의 종목으로 나눠 투자하는 것이 위험을 낮추는 방법이라는 것이다.

하지만 달걀을 한 바구니에 담지 않는다고 하면서 삼성전자, 삼성전기, 삼성SDI, 삼성증권과 같이 서로 관련성이 높은 주식, 확률적으로 독립되지 않은 주식에 투자하면 분산투자의 효과가 작아진다. 따라서 조금 전문성이 있는 주식 투자자들은 삼성전자, 현대자동차, 쏠리드, 삼익악기, 삼양식품, 종근당바이오와 같이 코스피와 코스닥, 내수 업체와 수출업체, 업종 등을 고려해서 분산투자하며 위험을 낮췄다고 생각한다.

일반적인 상황에서는 이러한 개별 주식들이 상당히 독립적으로 움직이지만 1997년 외환위기, 2008년 금융위기와 같은 시기에는 전혀 관계없어 보이는 주식도 같은 방향으로 움직인다. 하나의 업체가 파산하면, 다른 모든 업체도 파산할 가능성이 높아지는 식으로 연쇄반응이 일어난다. 마찬가지로 대세 상승기에도 개별 종목들이 외부적인 요인으로 동조한다. 통계적으로 독립적이라고 여기던 업체들이 어느 순간 같은 방향으로 움직인다는 것이다. 투자할 때는 어설프게 종목 간에 확률적 독립성이 있다고 생각하지 말고, 어떤 상황에서 또는 시간 변수에 따라 어떻게 종목간의 관련성이 나타날 것인지를 고려해야 한다.

성공이 성공의 어머니?

발명왕 토머스 에디슨은 "실패는 성공의 어머니"라며 실패가 성공을 낳았다고 했다. 이 명언을 뒷받침하는 많은 사례가 있다. 하지만 다른 쪽

에서는 "성공이 성공의 어머니"라며 다른 많은 사례로 이 명제를 뒷받침한다.

많은 부모는 자녀가 다른 아이보다 빨리 걷고, 말하고, 읽고, 쓰기를 원한다. 또한 더 잘 하기를 원한다. 하나를 빨리 배우면 더 많이 하고, 잘할 수 있다고 생각해 조기교육을 한다. 적어도 부분적으로는 맞는 말이다. 수학을 먼저 시작한 사람이 수학을 더 많이 공부하고, 더 잘할 수 있다는 것을 보편적으로 받아들인다. 한 번 떨어지면 다시 따라잡기 힘들기 때문에 비슷한 출발선을 만들려는 것이 미국의 헤드 스타트Head Start 프로그램이다. 눈이 뭉쳐지기 시작하면 기하급수적으로 커지는 눈덩이 효과를 생각할 때 정부 차원에서는 출발선을 맞추는 정책이 아주 중요하다. 개인적으로 남보다 먼저 출발하려고 하는 것은 어찌 보면 당연하다. 100미터 달리기를 한다고 하면 시합을 관리하는 입장에서는 모든 사람이 출발 신호에 따라 같은 출발선에서 출발하도록 하려고 하겠지만, 선수 입장에서는 남보다 빨리 앞에서 출발하고 싶은 것이 당연하다. 많은 사람이 삶은 같은 출발선에서 출발하는 것이 아니라 어떤 사람은 전방 40미터에서, 어떤 사람은 후방 40미터에서 출발하는 것처럼 공정하지 못한 경기라고 생각한다.

1960년대 미국 사회학자 로버트 머튼Robert Merton은 자본주의 사회에서의 '부익부 빈익빈' 현상을, "무릇 있는 자는 받아 넉넉하게 되고 없는 자는 그 있는 것도 빼앗기리라(마태복음 13:12)", "무릇 있는 자는 받아 풍족하게 되고 없는 자는 그 있는 것까지 빼앗기리라(마태복음 25:29)"라는 성경 구절을 들어 '마태 효과matthew effect'라고 했다. 그러나 내가 늦게 출발했다고, 내 자녀가 출발선 뒤에 서 있다고 너무 걱정하지 말자. 교육과 삶은 적어도 100미터 달리기는 아니다.

성경 구절 "그러나 먼저 된 자로서 나중 되고 나중 된 자로서 먼저 될 자가 많으니라(마태복음 19:30)", "이처럼 나중 된 자로서 먼저 되고 먼저 된 자로서 나중 되리라(마태복음 20:16)"로 로버트 머튼과 반대의 의미로 마태 효과를 이해할 수도 있다.

경제학에서는 시장실패와 관련해서 공유지의 비극the tragedy of the commons이라는 개념을 많이 말한다. 이 개념은 미국 생태학자 개릿 하딘Garrett Hardin이 1968년 과학 잡지 〈사이언스〉에 기고한 수필에서 출발했는데, 생태학보다 경제학에서 더 많이 사용한다. 모두가 자유롭게 사용할 수 있는 목초지가 있으면, 목동들은 자신의 사유지는 보전하고 공유지에 적정 규모보다 더 많은 소를 방목해서 공유지를 곧 황폐하게 한다는 것이다. 공기, 물, 산과 바다 등 공동체가 함께 사용해야 하는 자원인 공유지를 사적 이익을 추구하는 시장에 맡겨 두면 자원이 고갈될 수 있다. 즉, 개개인 입장에서 자유로운 이익 추구가 궁극적으로 모두를 파멸시키는 결과로 나타난다. 이것도 앞에서 언급한 합성의 오류와 연결된다. 자신을 위한 의사 결정이 다른 사람의 의사 결정과 연쇄반응을 일으켜 함께 망하는 결과를 초래할 수 있다. 물론 반대의 이야기도 가능하다.

《돌멩이 수프》라는 동화를 보자. 여행객 세 사람이 한 마을에 들어갔다. 마을 사람들은 여행객들이 오는 것을 보고, 자신들에게 도움을 청할까 봐 대문을 닫고 음식을 숨긴다. 그러자 여행객들은 꾀를 내 돌멩이 수프를 끓여 먹겠다고 마을 사람들의 호기심을 자극한다. 그들은 먼저 마을 사람에게 큰 솥을 빌린다. 솥을 빌려주는 것은 큰 손해를 보는 것이 아니라서 한 사람이 흔쾌히 솥을 준다. 이제 여행객들은 큰 솥에 물을 끓이다가 돌멩이를 집어넣고 다시 끓이기 시작한다. 여행객들이 지나가는 말로 "여기에 당근과 양배추를 집어넣으면 더 맛있을 텐데"라고 말하자, 다른 사람이 당근과 양배추를 가져다 큰 솥에 집어넣는다. 이런 식으로 마을 사람들이 가져온 소고기와 감자, 보리, 우유, 옥수수, 순무 등을 넣어서 맛있는 돌멩이 수프를 완성한다. 이후 마을 사람들이 가져온 빵, 소시지와 함께 식탁을 차리고 다 함께 먹고 마시며 즐겁게 시간을 보낸다. 여행객들은 다음 날 아침 돌멩이 수프를 만드는 법을 알려 주고 마을 사람들의 환송을 받으며 마을을 떠난다. 많건 적건 당신이 가진 모든 것을 솥에 넣고 끓인 다음에 함께 나눠 먹으면 맛있는 돌멩이 수프가 된다.

"시작이 반이다"라는 말처럼, 모든 것이 연결되고 경로 의존성이라는 경향이 있다는 것을 생각하면, 새로운 것을 시작할 때 더 많은 것을 고려하고 더 많이 준비해야 한다.

사소한
것은
없다

모든 것이 연결되어 있다면 결코 사소한 것은 있을 수가 없다. 이와 관련해서 깨진 유리창의 법칙이 있다. 이 법칙은 미국의 사회학자 제임스 윌슨James Q. Wilson과 조지 켈링George L. Kelling이 1982년 〈애틀랜틱 먼슬리〉 3월호에 공동으로 발표한 '깨진 유리창Broken Windows: '이라는 글에서 출발했다. 아주 사소해 보이는 깨진 유리창이라도 방치하면 그 건물 전체를 무너뜨릴 수도 있다는 것이다.

EBS 〈다큐 프라임〉의 '인간의 두 얼굴 I - 제2부 사소한 것의 기적'을

브레인 샤워

보면 깨진 유리창 법칙과 관련하여 우리나라에서 한 실험이 나온다. 서울의 한 주택가 전봇대 아래에 쓰레기가 담긴 봉투 하나를 놓아두자 사람들이 그곳에 쓰레기를 버리기 시작했다. 다른 사람이 먼저 쓰레기를 버렸다는 사실이 쓰레기 버리는 것에 대한 양심을 무뎌지게 해 많은 사람이 쓰레기를 버리고 쌓은 것이다.

조지 켈링 박사는 뉴욕 지하철의 범죄를 예방하기 위한 대책으로 깨진 유리창 법칙을 이용해서 지하철 낙서 지우기를 제안했다. 데이비드 건David Gunn 교통국장은 켈링 박사의 제안을 받아들여 5년여에 걸쳐 낙서 지우기를 시행했다. 1980년대 많은 중범죄 사건으로 악명 높던 뉴욕 지하철에서 낙서 지우기를 시작하면서부터 지하철에서 일어나던 중범죄가 줄어들기 시작했다. 1994년에는 절반 가까이 줄고, 이후에는 75퍼센트까지 줄어들었다.

1994년 뉴욕 시장으로 취임한 루돌프 줄리아니는 깨진 유리창 법칙을 뉴욕 범죄 예방 대책으로 뉴욕 경찰에 도입했다. 낙서 지우기, 쓰레기 치우기와 같은 도시 정화와 더불어 무단 횡단이나 쓰레기 투기와 같은 경범죄를 철저하게 단속했다. 결과적으로 중범죄의 발생 건수가 급격히 감소했다. 이 실험은 줄리아니 시장과 깨진 유리창 법칙을 유명하게 했다. 물론 이러한 현상이 깨진 유리창 법칙과 어느 정도 상관관계가 있는가에 대해 의문을 제기하는 의견도 있다. 세상 모든 것은 연결되기 때문에 이 효과뿐만 아니라 다른 요인도 이러한 결과에 작용했을 수 있다는 것에 대해 가능성을 충분히 열어 놓아야 한다.

다음은 EBS 〈다큐 프라임〉이 계속한 실험이다. 서울의 쓰레기 무단 투기로 몸살을 앓던 지역에다가 양심에 호소하는 거울을 설치해 보고, CCTV 녹화 중이라는 푯말과 과태료를 물리겠다는 경고문을 설치해도 효과가 없었다. 이후 이곳에 쓰레기를 치우고 꽃밭을 만들었다. 그랬더니 놀랍게도 쓰레기 무단 투기가 사라졌다. 이러한 실험은 방송상의 실험이 아니라 오늘날 현실에서도 일어난다. 서울시 금천구 독산4동의 황석연 동장은 '우리 동네 주무관'들과 함께 쓰레기가 놓인 곳을 치우고 그곳에 꽃 화분을 놓는 등의 방법으로 깨끗하고 안전한 골목길 만들기 운동을 하고 있다. 깨진 유리창 법칙에 더해 호손 효과로 꼭 성공하기를 바란다.

깨진 유리창 법칙은 매장 관리나 인사관리 같은 경영에도 사용된다. 아무리 맛있는 음식점이라도 테이블에 먼지가 수북이 쌓였거나 화장실이 청결하지 않은 곳이라면 다시 가고 싶지 않을 것이다. 아무리 좋은 물건이라도 물건을 파는 사람이 불친절하면 그 상점에 가서 물건을 사고 싶지 않을 것이다. 청결이나 친절같은 것들이 회사나 사업장의 핵심은 아니더라도 소홀히 하면 성공할 수 없다. 사소한 부분부터 초기에 적절히 대응해야 할 것이다. 이것은 샤워 1단계에서 살펴본 하인리히 법칙과도 맥을 같이한다.
우리나라 전래 동화《좁쌀 한 톨》과 비슷한 구성으로 된 일본 전래 동화《わらしべ長者 지푸라기 사나이》가 있다. 지푸라기로 시작한 물물교환

으로 큰 부자가 되는 내용이다. 정직하지만 가난에서 벗어나지 못한 한 청년이 관음보살에게 간절히 기도를 드렸더니, "이 절을 나설 때 처음 만지는 것을 가지고, 서쪽으로 가라"라고 응답받았다. 청년은 절을 나서다가 바람에 날아온 지푸라기를 만졌다. 청년은 지푸라기를 가지고 서쪽으로 가다가, 시끄럽게 날아다니는 등에를 만나 지푸라기에 묶었다. 한 마을에서 어떤 아이가 등에가 묶인 지푸라기를 달라고 했다. 청년이 지푸라기를 주자 그 아이의 엄마는 귤 세 개를 주었다. 계속 길을 가던 청년은 목이 마른 상인을 만나 귤을 주고 비단을 받았다. 비단을 갖고 길을 가던 청년은 쓰러진 말을 가진 일본 무사를 만났다. 일본 무사는 청년에게 쓰러진 말을 주고, 비단을 가지고 동쪽으로 떠나 버렸다. 청년이 밤새도록 돌보고 물을 주자 말은 기운을 차리고 일어났다. 청년은 그 말을 타고 계속 길을 가다가 큰 저택 앞에 도착했다. 마침 길을 떠나려던 집주인이 자기에게 말을 빌려주고 집을 지켜 달라고 했다. 그리고 만약 3년 이내에 자신이 돌아오지 않으면 집을 가져도 좋다고 했다. 이후 3년이 지나도 주인이 돌아오지 않아 청년은 집주인이 되었다.

놀랍게도 이런 이야기가 현실이 되기도 한다. 빨간 클립 한 개로 시작한 물물교환을 통해 집 한 채를 마련한 카일 맥도널드Kyle Macdonald의 이야기가 언론과 《빨간 클립 한 개》라는 책으로도 소개되었다. 이 영화 같은 이야기가 현실에서 일어났다. 바늘 구멍만한 틈 하나로 댐이 무너지기도 하고, 복도에서 휴지를 줍는 행동 하나로 대기업에 취직하기도

한다. 아무리 작은 것이라도 어떤 연결 고리로 어떻게 작용할지는 알
수 없다.

습관도
연결
된다

늦게 일어나는 습관은 기본적으로 늦게 자는 습관과 연결된다. 일찍 일어나고 싶다면 일찍 자면 된다. 이처럼 습관을 고치고, 좋은 습관을 만드는 것도 연결된 습관의 고리를 찾아 자신이 다루기 쉬운 것을 어려운 것과 연결해 주면 상대적으로 쉽게 원하는 결과를 얻을 수 있다. 경로의존성을 활용하면 상대적으로 쉽게 습관을 고치고, 원하는 습관을 만들 수 있다.

대학생 때 열심히 놀던 필자와 필자의 친구는 마음을 잡고 공부하기로 했다. 당시 필자는 만화방에 있던 거의 모든 만화책을 볼 정도로 열심히 만화책을 보며 놀았고, 친구는 무술과 춤을 배우러 다니면서 열심히 놀았다. 함께 공부를 열심히 하자고 마음먹은 후, 필자는 열심히 보던 만화책을 학습서로 책만 바꾸었기 때문에 쉽게 의자에 앉아 공부할 수 있었다. 하지만 친구는 한마디로 엉덩이가 들썩들썩해서 의자에 앉아 있을 수가 없었다. 친구가 공부하는 습관을 만드는 것은 상대적으로 어려웠다. 휴대폰을 손에서 놓지 않는 자녀를 공부시키기 위해서 휴대폰에 학습용 앱을 설치하여 공부하게 하거나, 맨날 컴퓨터 모니터 앞에 앉아서 게임을 하는 자녀에게 학습용 게임을 하도록 하는 것도 비슷한 습관의 흐름을 이용하는 것이다.

외국어 교육이나 문학 서술 기법 가운데 '샌드위치 기법sandwich technique' 또는 '끼워 넣기intercalation' 방법이 있다. 영어를 공부할 때, 'eye candy – 안구 정화 – eye candy'처럼 모르는 외국어를 반복하면서 사이에 모국어 해석을 집어넣는 방법이다. 또는, 문학작품에서 A를 주제로 이야기하면서 B를 삽입하여 'A1–B–A2'와 같이 서술하는 것이다. 실제 중간에 삽입한 'B'가 열쇠이다. 라디오 평론가 톰 웹스터Tom Webster는 새로운 곡을 누구나 좋아하는 히트곡 사이에 끼워 넣어 방송하는 것이 히트곡을 만드는 공식이라고 한다. 샌드위치 기법을 신곡 마케팅에 활용한 것이다.

만들고자 하는 습관을 기존의 습관 사이에 끼워 넣고 하나로 모아서 새로운 습관을 형성하는 것이 습관의 샌드위치 기법이다. 어떤 사람이 운동하는 습관을 만들고 싶다고 하자. 예를 들어, 팔굽혀펴기를 매일 하려고 한다. 그러면 먼저 행동 패턴을 파악해야 한다. 이 사람은 회사에서 일을 마치고 집에 돌아오면 샤워한 후 휴식을 취한다. 팔굽혀펴기를 습관화하는 방법은 집에 돌아오면 팔굽혀펴기를 하고 샤워한 후 휴식을 취하는 것을 하나의 행동 그룹으로 만들어 생각하고 실천하는 것이다. 습관은 관성과 같아서 고치기가 쉽지 않다. 하지만 탄성 한도를 벗어나는 힘을 가하면 뛰어넘을 수가 있다. 또한 연결 고리를 활용하면 생각보다 쉽게 고칠 수 있다.

정신적 습관도 마찬가지이다. 정신적 습관은 고정된 인지적 오류, 지속적이고 쓸데없는 걱정 등과 같이 어떤 한 영역에서 나타나지만, 긍정적 사고방식이나 부정적 사고방식과 같이 정신적인 활동 전체가 어떤 방향성을 갖고 반복적이고 자동적으로 동작하는 것에서 나타나기도 한다.

어떤 영역에서 나타나는 정신적 습관은 심리검사 등으로 파악하면 집중적인 교육과 학습, 훈련으로 상대적으로 쉽게 습관의 고리를 찾아 해결할 수 있다. 한국보건사회연구원은 인지적 오류를 조사하기 위한 문항으로 '어떤 일을 결정할 때 사람들이 내 의견을 묻지 않는다면, 그것은 나를 무시하는 것이라고 생각한다(임의적 추론)', '나는 하나를 보면 전체를 알 수 있다고 생각한다(선택적 추상화)', '내가 다가가자 사람들이 하고 있던 얘기를 멈춘다면, 나에 대한 안 좋은 얘기를 하고 있었음이 틀림없다고 생각한다(개인화)', '세상의 모든 일은 옳고 그름으로 나누어진다고 생각한다(이분법적 사고)' 등으로 구성하여 조사했다. 이러한 질문에 대한 대답이 '습관적으로 그렇다'는 쪽에 가까우면 자신의 인지적 오류에 대해 점검하고 살펴봐야 한다.

　정신적 습관 중 긍정적인 사고방식은 사람을 정신적으로 건강하고 행복하게 하지만, 부정적인 사고방식은 정신 건강에 부정적인 영향을 미칠 뿐만 아니라 정신 질환과도 연결될 수 있다. 신체적인 습관에 인식을 행동으로 실천하는 과정이 있는 것처럼 정신적인 습관에도 인식을 반복하면서 자동화하는 과정이 있다. 따라서 부정적인 사고방식을 가졌다면 자동화한 인식의 고리를 끊기 위해서 어떤 상황이 발생할 때마다 새롭게 인식하려고 노력해야 한다. 의식적으로 최선의 결과로 이어지는 과정을 상상하고 최선의 결과를 기대하는 자세를 가져야 부정적인 사고방식을 긍정적인 사고방식으로 바꿀 수 있다. 게다가 세상의 변화에 따라 자신의 생각이 바뀌면 그에 맞춰 자신의 행동과 습관도 바꿔 나갈 수 있어야 한다.

외부성은 없다

경제학에서는 외부성externality 또는 외부 효과라는 용어를 사용한다. 어떤 경제행위가 시장을 통하지 않고, 즉 돈을 주거나 받지 않고 다른 사람에게 이익을 주거나 손해를 끼치는 경우를 일컫는 개념이다. 예를 들어 양봉업자는 돈을 벌기 위해 벌을 키우지만, 일반적으로 돈을 받지 않고 인근의 과수원이나 가정에 있는 꽃을 수분해 준다. 거꾸로 과수원 주인도 자신의 나무에서 꿀을 모으는 벌을 가진 양봉업자에게 돈을 받지 않는다. 이러한 의미에서는 외부성이 있다고 생각할 수 있으나, 모든 것은 다 연결되어 있다는 의미에서는 외부성이 없다. 인간은 완전한 정보로 합리적인 판단을 한다고 가정하는 전통 경제학에서 외부성을 논의하는 것은 일면 논리 모순인 측면이 있다.

물론 현실에서 모든 것이 비용이나 효용으로 계산된다는 것은 아니다. 자동차 배기가스가 인체나 환경에 미치는 악영향을 제대로 비용으로 고려하여 반영하지 않으면 자동차는 과대 생산된다. 경제적 인간으로 나를 개념 지을 때는 외부성이 존재할 수 있지만, 모든 것을 총체적으로 고려하는 인류의 종족 대표로 나를 개념 지을 때는 외부성은 없다. 즉, 외부성이 있다고 생각하는 것은 나를 한계 짓는 것이다.

생태계의 먹이사슬에 관한 많은 사례가 있다. 먹이사슬과 관련해서 위에서 아래로, 최고 포식자에서 식물로 연쇄적으로 생태계의 변화가 일어난다는 이론과 반대로 식물에서 최고 포식자로 생태계 변화가 일어난다는 이론이 있다. 먹이사슬의 대표적 연구는 미국 옐로스톤 국립공원의 늑대와 엘크elk의 관계에 관한 것이다. 옐로스톤 국립공원은 1872년 미국 율리시스 그랜트 대통령이 지정한 세계 최초의 국립공원이다. 1914년 이 국립공원에 사는 엘크를 보호하려고 늑대를 사냥할 수 있도록 했다. 1920년대 이후 늑대는 거의 사라지고, 엘크의 수가 많이 늘어났다. 엘크가 많아지자 엘크의 먹이인 나무와 풀이 없어졌다. 나무와 풀이 부족해지자 이제 엘크가 다시 줄어드는 현상이 나타났다. 이러한 문제로 1990년대 연방정부는 늑대를 공원에 방목하여 생태계를 복원했다.

분리의 여섯 단계 이론

분리의 여섯 단계 이론six degrees of separation은 세상에서 임의로 두 사람을 선택해도 여섯 단계를 거치면 서로 아는 사이가 될 수 있다는 것이다. 쉽게 말해 나를 제외한 내가 아는 사람은 나와 1단계, 아는 사람의 아는 사람은 나와 2단계와 같은 방식으로 계산하면 지구 반대편 아마존에 사는 원주민도 나와 6단계 이내로 연결될 수 있다. 즉, 5명 이내의 사람을 거치면 서로 연결된다.

이 개념은 라디오 발명가인 마르코니의 주장과 헝가리 극작가 프리제시 카린티Frigyes Karinthy의 단편소설《Chains(1929)》에 나타난 것으로, 미국 심리학자 스탠리 밀그램의 1967년 스몰 월드Small World 실험으로 유명해졌다. 많은 영화에 출연한 미국 배우 케빈 베이컨Kevin Bacon과 어떤 영화배우가 얼마나 떨어져 있는가를 계산하는 '케빈 베이컨 지수'도 분리의 여섯 단계 이론의 실험 사례이다. 국가별 분리 단계의 차이나 어떤 사람이 분리 단계를 축소하는 데 핵심 역할을 하는지 등과 같은 관련 연구도 있다. 최근에는 페이스북과 같은 소셜 네트워크상의 친구 관계 분석으로 사람 사이의 관계가 얼마나 떨어져 있는지 분석하고, 소셜 네트워크 발전에 따라 사람 사이의 거리가 어떻게 변화하는가 분석하기도 한다. 2011년 페이스북과 밀라노대학교는 협동 연구로 페이스북 사용자 사이의 평균 분리 단계는 4.74라는 계산 결과를 발표했다. 2008년에는 평균 분리 단계가 5.28이었는데 페이스북의 발전에 따라

거리가 축소되었다는 것이다.

이 세상은 얼마나 작은 세상인가? 한국의 소위 엘리트는 학연과 고시 등을 통해 한 다리만 건너면 다 안다는 이야기도 있다. 한국 사람끼리의 분리 단계를 계산하면 3~4에 불과할 것이라는 말도 있다. 누구나 가깝게 연결되는 이런 사회에서 지연, 학연, 혈연을 따진다는 것이 얼마나 무의미한 것인가. 낯선 사람과 다투지 말고 서로 이해하고 양보하면 어떨까? 마케팅을 하는 사람, 선거 출마를 염두에 두는 사람은 이 이론을 잘 활용하면 좋은 결과를 얻을 수 있을 것이다.

내 생각도 연결된다

생각이 생각의 꼬리를 문다는 말이 있다. 누구나 생각이 생각의 꼬리를 물어 잠 못 이루고 고생한 경험이 있을 것이다. 이런 식으로 내 생각도 연결된다. 소비의 행동과 선호도 꼬리에 꼬리를 문다. 물건의 소비와 구매가 연결된 대표적인 이야기가 디드로 딜레마Diderot's dilemma이다.

디드로 딜레마 또는 디드로 효과는 프랑스 철학자 드니 디드로Denis Diderot의 수필에서 비롯했다. 디드로는 한 친구에게 침실 가운을 선물로 받았다. 새 가운을 입고 책상에 앉으니 책상이 낡아 보였다. 책상을 바꾸니 이제 오래된 책꽂이가 마음에 안 들었고, 책꽂이를 바꾸니 의자가 안 어울렸다. 이런 식으로 하나의 소비가 다른 제품의 소비를 연쇄적으로 이끄는 것을 디드로 효과라고 한다. 입주 아파트 단지 쓰레기장을 보면 계속 헌 가구들을 버리는 것을 볼 수 있다. 새로운 집으로 이사를 하면서 가져간 오래된 가재도구들이 머지않아 쓰레기장으로 나온다. '새 술은 새 부대에' 하는 식으로 새집에 맞추어 가구를 하나씩 바꾸는 것이다. 이럴 줄 알았으면 이사비라도 줄이는 것인데….

모든 것을
다
알 수는
없다

불확정성의 원리

양자역학의 여러 가지 개념 중에서 불확정성의 원리uncertainty principle
가 있다. 노벨상을 받은 베르너 하이젠베르크Werner Karl Heisenberg가 말
한 불확정성의 원리는 양자 현상 내 어떤 입자의 위치와 운동량을 동시
에 정확히 측정할 수 없다는 것이다. 측정하는 위치의 표준편차를 줄이
면 측정하는 운동량의 표준편차가 늘어나고 반대로 측정하는 운동량
의 표준편차를 줄이면 위치의 표준편차가 늘어나는, 즉 위치와 운동량

의 표준편차의 곱은 디랙 상수Dirac's constant($\hbar = \frac{h}{2\pi}$, h는 플랑크 상수)의 절반보다 같거나 크다는 것이다($\sigma_x \sigma_y \geq \frac{\hbar}{2}$). 하이젠베르크는 사고 실험thought experiment으로 이 원리를 설명했다. 현미경으로 입자를 관측할 때 사용하는 빛의 파장이 짧을수록 해상도가 높아 위치를 정확히 알 수 있는 반면에 파장이 짧으면 운동량이 매우 커 관측 대상 입자에 큰 운동량을 전달하게 되어 입자의 운동량을 부정확하게 측정하게 된다. 반대로 긴 파장의 빛을 사용하면 입자의 운동량에 큰 영향을 주지 않지만 빛이 입자로 산란하게 되어 입자의 위치를 정확하게 알려 주지 못하게 된다. 입자의 위치와 운동량을 동시에 정확히 측정하는 것은 불가능하기 때문에 중간에서 타협할 수밖에 없다.

전통 경제학에서는 완전한 정보와 합리적인 인간을 가정하여 인간의 경제적인 행동을 분석했다. 하지만 완전한 정보를 확보하는 것은 불가능하고, 정보 획득에는 비용이 들기 때문에 현실에서의 경제주체는 어느 정도의 정보에 만족하고 의사결정을 한다. 불확실성하에서의 의사결정이 중요한 문제로 대두하게 된 것이다. 현재 경제학에서 논의되는 정보의 비대칭성, 위험과 불확실성을 넘어서 시간의 흐름에 따라 정보가 추가적으로 생성되고, 정보 획득 비용에 변화가 생기며, 어디까지 정보가 있는지도 모르는 정보의 한계까지 고려한 의사결정이 분석되어야 한다.

불확실성하의 의사결정과 관련하여 다음과 같은 술탄의 지참금sultan's dowry 문제가 있다. 아라비아의 술탄에게는 100명의 딸이 있다. 당신에게 이들 중 한 명에게 청혼할 수 있는 기회가 주어진다. 100명의 딸이 임의의 순서로 당신과 선을 보면서 자신의 지참금을 말하는데, 당신은 그 자리에서 술탄의 딸에게 청혼할 것인지 말 것인지를 결정해야 한다. 청혼하지 않고 한 번 지나간 딸에게는 다시 청혼할 수 없다. 당신이 지참금이 가장 많은 딸을 골라 청혼했을 때만, 술탄이 당신에게 결혼을 허락한다. 어떻게 하는 것이 가장 현명한 선택인가?

똑같은 문제로 비서 선택 문제secretary problem가 있다. 회사 사장인 당신은 최고의 비서를 채용하고 싶다. N명의 지원자 중에서 한 사람씩 인터뷰한 후 현장에서 채용 여부를 결정하여 통보해 주어야 한다. 한 번 통보하면 결정을 번복할 수 없다. 어떻게 해야 가장 좋은 비서를 채용할 수 있는가?

수학적으로 계산하면 처음 지원자 중 N/e명(e≅2.718, 자연상수)까지는 인터뷰하고 채용하지 않기로 통보한다. 그 후, 이전에 인터뷰한 사람보다 좋은 지원자가 나타나면 비서로 채용한다. 그 사람을 채용할 때 가장 좋은 비서를 채용할 확률이 1/e(1/2.718≅0.368)로 가장 높다.

술탄의 지참금 문제로 돌아가면 37명하고 선을 본 후, 38번째 선을 볼 때부터 이전 37명의 딸보다 조금이라도 높은 지참금을 가진 딸이 나타나면 그 딸을 선택하는 전략을 사용하는 것이다. 이때 술탄의 딸과 결혼할 확률은 약 37퍼센트이다.

소크라테스는 인생이 무엇인지를 묻는 제자들을 과수원에 데려가 다음과 같은 가르침을 주었다고 한다. 소크라테스는 제자들에게 자신은 반대편에 가 있을 테니 각자 원하는 길로 과수원을 지나오면서 마음에 드는 사과를 하나씩만 따오라고 했다. 지나친 길은 되돌아갈 수 없고, 한번 딴 사과는 바꿀 수 없다는 규칙을 알려 주었다. 한참 후에 자신 앞에 모인 제자들에게 인생에는 많은 길이 있어 언제 사과를 고를지, 고른 사과에 만족하거나 후회할지 모르지만 언제나 한 번의 선택을 해야 하는 것이 인생이라고 가르쳐 주었다.

신호와 소음을 분리하라

'모든 것을 다 알 수는 없다'가 모든 것을 다 아는 것이 불가능하니 알려고 하지 말라는 것은 아니다. 주어진 시간이나 예산상의 한계 내에서 최대한 많은 관련 정보를 수집한 다음에 의사 결정을 하는 것이 합리적이다. 정보의 홍수 시대에 정확하지 않거나 적절하지 않은 정보는 의사 결정을 방해하기도 한다. 네이트 실버가 《신호와 소음》에서 말하는 것처럼 잘못된 정보(소음)를 필터링하고 진짜 의미 있는 정보(신호)를 기반으로 적합한 의사 결정을 해야 한다. 주식시장, 인터넷, 정치권 등 사람이 많이 모이는 곳에는 소음이 넘친다. 소음을 분리하기 위해서도 고정관념을 벗어나 자신을 객관화하는 연습이 필요하다. 또한 우리에게는 항상 알 수 없는 한계가 많다는 것을 인식해야 한다.

가위바위보를 이기는 법

가위바위보를 이기는 법이라는 이야기가 있다. 가위바위보를 이기는 확실한 방법은 상대방보다 늦게 내는 것이라고 한다. 물론 남보다 늦게 내는 것은 일반적인 가위바위보 게임의 규칙에서 어긋나기 때문에 현실에서 늦게 내기란 쉽지 않다. 하지만 상대방이 무엇을 내는지 보고 나서, 알아채지 못할 정도로 짧은 시간 안에 자신의 선택을 내는 것은 가능할 수 있다. 가위바위보를 항상 이기는 로봇에 관한 연구 결과도 있다. 사람들은 보통 30~60마이크로초 정도의 시차를 인식하지 못하기 때문에 이 범위 안에서 인간보다 늦게 가위바위보를 내는 "가위바위보 로봇"을 개발했다.

대화에서 이기는 법도 있다. 사람들 사이의 대화에서는 상대방보다 늦게 말하지 말라는 규칙이 없기 때문에 다른 사람들의 이야기를 듣고 말하는 것이 대화를 잘하는 방법이다. 대화에서 승리한다는 개념이 성립할 수 있는 것인지는 논란이 있겠지만, 이것이 대화에서 승리하는 일반적인 방법이다. 하지만 사람은 기본적으로 다른 사람의 주장을 듣는 것보다 자기주장을 말하는 것을 좋아하기 때문에 이 전략을 알고도 늦게 말하기가 쉽지 않다. 이와 관련해서 민컨설팅의 박성민 대표는 "대화나 토론은 상대의 의견을 듣고 내 생각을 바꿀 수 있다는 것을 전제한다. 듣기도 전에 결론을 내린다면 소통은 불가능하다"라고 했다.

게임이론을 보면 게임의 구조에 따라 선발자가 이점을 갖도록 설계된 선발자 우위first-mover advantage 게임과 후발자가 이점을 갖도록 설계된 후발자 우위second-mover advantage 게임이 있다. 물론 게임의 설계를 이해하지 못하면 선발자 우위 게임에서도 선발자가 자신의 이점을 활용하지 못하고 다음 사람에게 이점을 넘겨줄 수도 있다.

예를 들어 성냥개비 24개를 쌓아 놓고 두 사람이 성냥개비 1개나 2개를 치워 마지막에 성냥개비를 치우는 사람이 승리하도록 정해진 게임은 두 번째 사람(후발자)이 이길 수 있도록 설계된 것이다. 선발자가 1개를 치우면, 후발자는 2개, 선발자가 2개를 치우면 후발자는 1개를 치워, 두 사람이 한 라운드에서 치운 성냥개비의 수를 3의 배수로 만들면 마지막 24번째 성냥개비를 두 번째 사람이 치워 승리할 수 있도록 되어 있다. 물론 이 게임에서 후발자가 실수하면 선발자에게 이길 수 있는 기회가 올 수 있다. 이 게임은 리얼리티 쇼 〈서바이버Survivor〉에 나왔던 "Thai 21"이라는 유명한 게임의 변형이다.

"Thai 21"에서는 21개의 깃발을 놓고 두 팀이 게임을 한다. 각 팀은 순서대로 한 번에 1개나 2개 또는 3개 깃발을 가져갈 수 있고, 마지막 깃발을 가져가는 팀이 승리한다. 선발팀과 후발팀 누가 우위를 갖도록 설계된 게임인가? 그리고 그 전략은 무엇인가? 위 게임과 유사하게 4의 배수에 힌트가 있다. 실제 쇼에서는 두 팀 모두 처음에는 게임 구조를 정확히 파악하지 못했다. 게임 구조와 전략을 생각한 후 이 책의 참고해설에서 해답을 확인해 보기 바란다.

이처럼 수학적으로 계산하여 선발자가 우위에 있는지, 후발자가 우위에 있는지 알 수 있는 게임도 있지만 현실에서는 누가 우위에 있는지 알 수 없는 일이 많다. 예를 들어 새로운 제품이나 서비스로 시장에 처음 진입하는 기업이 유리한지, 이미 선발자가 인프라를 구축하고 시장을 개척한 후에 고정비용을 적게 들여 개선된 제품과 서비스로 시장에 따라 들어가는 것이 유리한지 알 수 없는 경우가 많다. 선발자가 우위를 보인 제품과 서비스도 있었고, 후발자가 우위를 보인 제품과 서비스도 있었다.

경험을 무시하지 말라

시오노 나나미의 《로마인 이야기》를 보면 로마와 카르타고의 전쟁에서 왜 로마가 이겼는지에 관한 여러 가지 이유가 나온다. 가장 중요한 이유 중 하나는 로마는 전쟁에서 지고 온 장수에게 다음 기회를 제공했지만 카르타고는 전쟁에서 진 장수를 죽임으로써 다음 기회를 주지 않았다는 것이다. 로마는 실패의 경험을 교훈으로 삼아 카르타고와의 전쟁에서 승리를 거둔 것이다. 다른 사람의 실수를 웃음이나 비웃음으로 넘기는 사람과 교훈으로 삼는 사람은 미래가 다르다. 과거 구교의 폐단에서 종교개혁이 나왔던 것을 경계로 삼지 않는다면 지금의 개신교도 같은 길을 걸을 것이다. 지금 분열과 테러로 중동에서 벌어지는 일들을 교훈으로 삼지 않으면 우리나라도 미래의 어느 날 같은 일을 겪을 수도

있다. 철학자 조지 산타야나George Santayana는 "과거를 기억하지 못하는 자는 되풀이한다"라고 했다. 역사의 교훈을 가볍게 여기지 말자.

모든 것을 다 경험하는 것은 불가능하다

자신이 여러 번 직접 경험해 보고 결정을 내리면 올바른 결정을 할 가능성이 커지겠지만, 경험한다는 것이 꼭 좋은 것만도 아니고 죽음과 같이 미리 할 수 없는 경험도 많다. 따라서 다른 사람의 경험을 잘 활용해야 한다. 물론 모든 것이 연결되어 변하고 있으므로 다른 사람의 경험이 나에게 그대로 적용된다고 생각해서는 안 된다. 위인전을 읽는 이유도 거기에 있다. 다른 사람의 성공과 실패를 보고 지혜를 얻어 오늘의 나에게 적용하는 것이다. 간접경험의 핵심은 책이다. 책 속에 길이 있고, 꿈이 있다. 내가 꿈꾸는 것을, 원하는 것을 발견하는 방법이 그곳에 있다. 하지만 책을 통해서도 모든 것을 알 수 없다. 당시 회의론자들에게 한 소크라테스의 답변 정도로 만족하자. "나는 내가 모른다는 것을 안다."

생각도
과학의
법칙을
따른다

뉴턴의 운동 법칙을 비롯하여 우리가 중·고등학교에서 배운 많은 과학의 법칙은 우리가 생각하는 방식으로도 작용한다. 뉴턴의 운동 제1법칙인 관성의 법칙을 생각해 보자. 관성의 법칙은 외부 힘이 작용하지 않으면 정지된 물체는 계속 가만히 있고, 움직이는 물체는 계속 그 속도로 움직인다는 것이다. 생각도 관성이 있어서 하나의 생각에 빠지면 계속 그 방향으로 나가려고 한다. 다른 자극이 없으면 똑같은 생각으로 계속 생활한다. 대표적인 것이 후광 효과halo effect 이다. 인간관계에서 첫인상이 좋으면 이후에 보는 단점도 눈에 들어오지 않고, 첫인상이 나쁘면 이후에 보는 장점도 별 것 아닌 것으로 판단한다. 최대정지마찰력을 넘는 힘이 가해져야 정지된 물체가 움직이는 것처럼 첫인상을 뛰어넘는 정보가 제공되어야 그 사람에 대한 평가가 달라진다.

뉴턴의 운동 제2법칙은 가속도의 법칙이다. $\vec{F} = m\vec{a}$로 알려진 이 법칙은 물체에 힘을 가하면 물체의 운동 상태를 변화시킨다는 것이다. 작용하는 힘과 가속도의 비례 관계는 크기에만 있는 것이 아니라 방향에도 있다. 좋은 책을 읽고 좋은 경험을 쌓으면 그만큼 그 방향으로 움직인다. 경제학책을 읽으면 경제학적인 사고가 생기고, 물리학책을 읽으면 물리학적인 사고가 생긴다. 새로운 지식과 경험이 들어오면 새로운 지식과 경험에 맞춰 생각이 움직인다.

뉴턴의 운동 제3법칙은 작용과 반작용의 법칙이다. 물체 A가 물체 B에 힘을 가하면, 물체 B는 물체 A에 반대 방향으로 똑같은 힘을 가한다는 것이다. "공짜 점심은 없다"라는 말이 있다. 김어준은 〈김어준의 뉴스공장(2017.1.19)〉에서 "세상에 공짜는 없다"를 "작용을 하면 반작용하는 우주의 원리"라고 풀이했다. 사람 사이의 관계는 물론이고 자신의 생각도 어떻게 인센티브를 부여하는지에 따라 달라진다.

아인슈타인의 상대성이론과 관련해서는 많은 설명과 일화가 있다. 이는 상대성이론을 이해하기 어렵기 때문이다. 특수상대성이론의 예로 동시성의 상대성을 설명한다.

전방으로 달리는 긴 열차의 중앙에 전등이 있다. 꺼진 전등이 켜져서

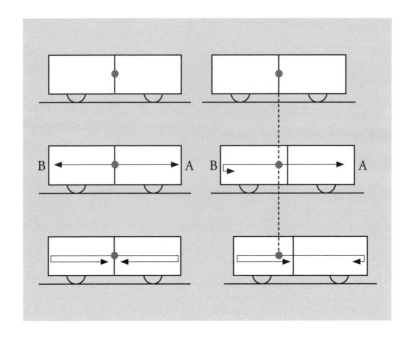

빛이 열차의 앞면에 도달하는 사건을 A, 열차의 뒷면에 도달하는 사건을 B라고 한다. 열차에 탄 관찰자는 중앙에서 앞면과 뒷면에 이르는 빛의 진행 거리가 같기 때문에 A와 B가 동시에 발생했다고 관측하지만, 열차 밖에 있는 관찰자가 보기에는 기차가 정면으로 달리기 때문에 A 사건의 진행 거리가 B 사건의 진행 거리보다 길어 B가 먼저 일어난 것으로 관측한다. 빛은 앞과 뒤를 향해 같은 속력으로 진행하지만 외부에서 보면 뒷면으로 향한 빛이 앞면으로 향한 빛보다 먼저 도착한다. 즉, 두 관찰자의 동시는 다르다.

　　　　　　　　　　　　　　　　　　　　브레인 샤워

열역학 법칙

현재까지 열역학 법칙은 열(에너지)과 일(운동)에 관한 네 가지 법칙이 있다. 이 법칙은 물리학이나 화학 등에서 아주 중요하게 다룬다. 열역학 제1법칙은 '에너지 보존의 법칙'으로 "어떤 계의 내부 에너지의 증가량은 계에 더해진 열 에너지에서 계가 외부에 한 일을 뺀 것과 같다"라고 한다. 또한 이 법칙으로 외부에서 에너지의 공급을 받지 않고 끊임없이 일할 수 있다는 제1종 영구기관은 존재할 수 없다.

사람이나 두뇌도 에너지를 사용해서 일하는 하나의 열기관이기 때문에 하나에 집중하면 다른 것에는 상대적으로 소홀해질 수밖에 없다. 한 교수는 수강생들에게 공부를 잘 하려면 떡볶이도 먹지 말라고 했다. 자극적인 것에 신경을 쓰면 공부에 집중하지 못한다고 비유적으로 말한 것이다.

열역학 제2법칙은 '엔트로피 증가의 법칙'으로 변화의 방향에 관한 법칙이다. 이 법칙은 자연적 과정의 비가역성과 과거와 미래 사이의 비대칭성을 설명하며, 어떤 계에 보내진 열이 전부 일로 전환될 수는 없다고 한다. 이처럼 사람도 일만 하거나 공부만 할 수는 없다. 샤워 4단계에서 엔트로피를 조금 더 살펴보자.

열역학 제3법칙은 '절대영도 불가능의 법칙'이다. 절대영도에서 계의 엔트로피는 상수이다. 절대영도에서 엔트로피는 상수이기 때문에 엔트로피 변화량이 0인데, 이것은 엔트로피는 증가할 수밖에 없다는 열역학 제2법칙과 충돌한다. 따라서 엔트로피가 상수인 절대영도는 불가능하다. 이러한 열역학 제1, 2, 3법칙이 나온 후, 그동안 당연하게 여긴 온도의 존재에 관한 열역학 제0법칙이 나왔다. 열역학 제0법칙은 A와 B가 열적 평형을 이루고, B와 C가 열적 평형을 이룬다면 A와 C도 열적 평형을 이룬다는 것이다.

1968년 노벨 화학상을 받은 라르스 온사거Lars Onsager의 상반 법칙reciprocal relations을 열역학 제4법칙이라고도 한다. 온도 차이는 열뿐만 아니라 분자들의 흐름에 영향을 준다. 이것을 식으로 나타내면 식의 계수들 사이에 단순한 관계가 존재한다는 것이다.

열역학 법칙이 나오는 과정에서 인간 사고의 순서를 알 수 있다. 사람은 현실에서 가장 많이 접하는 것과 이해하기 쉬운 것부터 출발하여 생각을 정리하고 사고를 확장하면서 나중에는 본질에 관한 질문을 한다. 그리고 이전에 생각하지 못한 다른 생각을 하기도 한다. 전문가들이 논문을 쓰거나 이론을 만들 때도 그렇지만, 사업가들이 사업을 확장하거나 예술가들이 창조적인 활동을 할 때도 이런 식으로 나타난다.

어떤 영화가 성공하면 속편으로 그 이후의 일을 다룬 시퀄과 그 이전의 일을 다룬 프리퀄이 만들어진다. 대표적인 영화 시리즈가 〈스타워즈〉이다. "오래 전 멀고 먼 은하계에…."로 시작하는 최고의 공상과학영화 〈스타워즈〉는 1977년부터 루크 스카이워커를 주인공으로 오리지널 삼부작(새로운 희망, 제국의 역습, 제다이의 귀환)이 만들어졌다. 과거로 돌아가 프리퀄 삼부작(보이지 않는 위험, 클론의 습격, 시스의 복수)이 나왔고 이후 시퀄 삼부작(깨어난 포스, 더 라스트 제다이, 에피소드 9)이 개봉·제작된다. 여기에 다른 종류의 속편인 스핀오프로 앤솔로지Anthology 시리즈(로그 원, 한 솔로(가제), 보바 펫(가제)) 등이 개봉·제작된다.

단절은 위험하다

모든 것이 다 연결된 네트워크 시대에 다른 사람과 소통의 단절, 다른 학문과의 단절, 다른 국가와의 단절은 위험하다. 국민과 소통하지 못한 국내외의 정치인이 맞이한 최후, 개방과 쇄국 중에서 쇄국을 택한 조선 말의 결과 등 위험을 회피하기 위한 단절은 결과적으로 더 큰 위험이 따른다. 단절은 목전에 둔 위험에 눈을 감는 것과 같다. 권투 시합 중에 주먹이 날라 오는데 눈을 감으면 그 순간은 주먹이 안 보여 안심할지 모르겠지만, 주먹을 피할 수 없어 위험을 고스란히 당하게 된다. 교통사고와 같이 어떤 사고의 순간도 마찬가지이다.

단절과 관련해서 먼저 생각할 수 있는 것은 공간적 단절이다. 갈라파고스는 남아메리카 에콰도르령으로 에콰도르 본토에서 1,000킬로미터 정도 떨어진 태평양의 화산 제도이다. 1835년 찰스 다윈은 영국의 해양탐사선 비글호를 타고 갈라파고스제도에 도착했다. 갈라파고스제도는 다윈이 이곳의 포유류와 조류 등을 연구하여 진화론을 확립한 것으로 유명하다. 갈라파고스제도가 육지로부터 고립되어 섬의 생물들이 독특한 생태계를 이룬 것을 비유하여 세계적 표준과 뒤떨어진 것을 갈라파고스 신드롬이라고 한다. 대부분 국가가 SI 단위계를 사용하는 데 반해 미국만 자국의 단위계를 사용하여 혼란을 빚는다. 길이는 미터 단위가 아니라 인치, 피트, 야드와 마일, 질량은 킬로그램이 아니라 온스와 파운드, 부피는 리터가 아니라 갤론, 온도는 섭씨가 아니라 화씨를 사용한다.

갈라파고스 신드롬이라는 용어가 만들어진 갈라파고스화의 메카, 일본을 특별히 잘라파고스(Jalapagos＝Japan＋Galapagos)라고 부르기도 한다. 일본의 휴대폰 업체들은 최신 기능의 모바일 서비스를 개발해 상용화했지만, 국제표준을 따르지 않아 세계시장에는 진출하지 못하고 일본 내에서만 파는 결과에 처했다. 현재 우리나라도 액티브X 남용, 아이핀이나 공인인증서 등의 규제를 두고 갈라파고스 신드롬에 빠졌다는 비판을 받는다.

인도양의 모리셔스에 살던 도도새dodo의 이야기도 이러한 단절의 문제를 보여 준다. 도도새는 원래 날 수 있었다. 그러나 이 섬에 위험이 되는 포식자가 없자 도도새는 날개가 퇴화하여 날지 못하는 새가 되었다. 포르투갈 선원들이 처음으로 모리셔스에 상륙한 1507년 이후 날지 못하고 몸집이 큰 도도새는 좋은 사냥감이 되었다. 그 후 모리셔스는 네덜란드의 유배지가 되어 사람과 함께 포유동물이 섬에 들어오면서 도도새의 알은 이들의 먹이가 되었다. 결국 1681년 도도새는 멸종했다. 외부와 단절된 안전한 섬에 살다가 한순간에 멸종한 것이다.

성공한 사람일수록 둘러싼 환경과 자신을 단절하지 않도록 더욱 노력해야 한다. 제7대 미국 대통령 앤드루 잭슨Andrew Jackson은 이전 대통령들과 달리 평민 출신이었다. 잭슨은 기득권 세력의 지원을 받지 못하자 공식적인 참모진이 아닌 행정부 밖의 지인들과 식사 자리에서 국정을 논의했고, 이 지인들은 키친 캐비닛kitchen cabinet이라고 불렸다. 키친 캐비닛은 대통령과 정치적인 관계를 떠나 수평적 관계에서 여론을 전달하는 통로 역할을 할 수 있으나, 잘못되면 대통령의 공식적인 통로마저 막는 인人의 장막의 역할을 할 수도 있다.

사람은 시간으로부터 자신을 단절한다. 우리나라에서는 60세를 비유해서 이순耳順이라고 한다. 60세가 되면 그만큼 경험이 많이 쌓여 귀가 순해지고, 자신의 생각과 다른 의견을 잘 들을 것으로 생각한다. 하지만 보통의 경우 나이가 들면서 점점 더 귀가 딱딱해지고 자신의 주장이 강해져 다른 사람의 목소리를 듣지 않는다. 왜 그럴까?《논어論語》〈위정편〉에는 "자왈子曰 오십유오이지우학吾十有五而志于學, 삼십이립三十而立, 사십이불혹四十而不惑, 오십이지천명五十而知天命, 육십이이순六十而耳順, 칠십이종심소욕七十而從心所欲 불유구不踰矩"라는 말씀이 있다. 이 문장에서 이순이 유래했는데, 여기에서 보듯이 이순이라는 말은 공자의 개인적 경험이다. 공자 자신이 15세부터 학문에 뜻을 두고 계속 공부하여, 30세에 홀로 서고, 40세가 되어 유혹에 넘어가지 않고, 50세가 되어 세상의 이치를 깨닫고, 60세가 되어 다른 사람의 주장을 포용하고, 70세가 되어서는 마음대로 살아도 법도를 넘지 않게 되었다는 말이다. 계속 공부하지 않으면 그 나이 대가 되어도, 홀로 설 수 없고 유혹에 잘 넘어가며 다른 사람의 목소리를 받아들이지 못한다.

시간의 단절이 공간의 단절과 상호 작용하는 경우도 있다. 많은 한국인이 미국을 비롯한 외국으로 이민을 가서 생활한다. 이들 중 70년대에 한국을 떠난 사람은 70년대의 시각으로, 80년대에 한국을 떠난 사람은 80년대의 시각으로, 90년대에 한국을 떠난 사람은 90년대의 시각으로 고국을 바라보는 사람이 많다. 고국의 발전상은 알지만, 그들이 생각하는 고국은 과거에 머문 것이다. 그래서 미국 교포를 '문화 화석'이라고 부르는 사람도 있었다.

《여씨춘추》의 각주구검刻舟求劍에 관한 고사에 나오는 젊은이는 공간적으로 단절된 사람의 어리석음을 잘 보여 준다.

"전국시대 초나라의 한 젊은이가 배를 타고 양자강을 건너다 배가 강 한복판에 이르렀을 때 그만 실수로 손에 들고 있던 칼을 강물에 빠뜨렸다. '아뿔사! 이를 어쩌지.' 그 젊은이는 허둥지둥 단검을 빼서 칼을 떨어뜨린 그 뱃전에다 표시를 해두었다. 그리고 배가 건너편 나루터에 닿자마자 그는 표시 해둔 그 뱃전 밑의 강물로 뛰어들어 칼을 찾으려 했지만 칼이 그곳에 있을 리는 없었다."

우리는 이 고사 속의 젊은이의 어리석음을 쉽게 비웃는다. 하지만 많은 사람이 실제 그렇게 행동한다. 공간적 단절은 쉽게 파악하지만 시간적 단절은 쉽게 인지하지 못한다. 각주구검하는 젊은이처럼 우리는 강물처럼 흐르는 시간을 타고 시간 여행을 한다. 많은 사람이 학교에서 받은 교육과 과거의 경험을 뱃전에 새기고, 시간이 흘러도 계속 그 표시(교육과 경험)에서 칼(해답)을 찾으려는 각주구검의 오류를 범한다. 나아가 그 어리석음을 깨닫거나 비웃지도 못한다.

《역사란 무엇인가》의 저자 에드워드 H. 카는 역사란 "현재와 과거의 끊임없는 대화다"라고 한다. 과거는 현재로 해석하고, 현재는 과거에 영향을 받는다. 과거를 기억하지 못하는 사람의 현재는 기초가 없는 건물과 같이 불안할 수밖에 없다. 역사적으로나 지리적으로나 다른 사람들과 단절된 의식을 가지는 것은 위험하다. 장소적 단절, 시간적 단절, 사람과의 단절 등의 물리적 단절은 사고의 단절로 이어져 망할 수도 있다. 나 밖의 세상과의 연결을 추구해야 하는 이유이다.

네트워크
원리로
대응하라

어떻게 하면 가능한 한 많이 시간, 장소, 사람과의 연결을 유지할 수 있을까? 모든 시간, 장소, 사람을 직접 연결할 수 있으면 좋을 것이다. 하지만 그렇게 할 수 있는 자원이 없다. 인터넷과 SNS로도 그렇게 할 수 없다. 통신을 위해 중계기가 필요한 것처럼 각 시간, 장소, 사람에게서 나오는 신호를 강하게 하여 나에게 전달할 중계기 기능이 필요하다. 나 밖의 세상과 나를 연결할 때 적용할 지혜를 찾아야 한다.

네트워크 효과

한 사람만 전화를 가지면 아무하고도 통화할 수 없다. 두 사람이 전화를 가지면 두 사람 사이의 라인 하나에서 통화할 수 있다. 세 사람이 전화를 가지면 세 개 라인에서, 네 사람이 전화를 가지면 여섯 개 라인에서, 다섯 사람이 전화를 가지면 열 개 라인에서 통화가 가능하다. 수학적으로는 n명이 전화를 가지면 $_nC_2 = n(n-1)/2$의 라인에서 통화가 가능하다. 사용자가 많아지면서 전화 가능 라인은 기하급수적으로 증가한다.

전화, 카톡, 페이스북 등 어떤 재화의 사용자가 많아지면 그 재화의 가치도 높아지는 네트워크 효과를 가진 재화가 있다. 이러한 네트워크 효과는 다른 사람이 사용하는 재화나 서비스를 따라서 사용하게 하는 밴드왜건 효과를 낸다. 친구 따라 강남 가는 식으로 다른 사람이 카톡을 쓰면 나도 카톡을 쓰고, 다른 사람이 페이스북을 하면 나도 페이스북을 한다. 이러한 효과들이 결합되어, 특히 사회적으로 영향력이 있는 한 사람이 새로운 제품이나 서비스를 사용하기 시작하면 순식간에 그 제품이나 서비스가 일반인에게 확산된다.

네트워크 효과가 생산자 측면에서는 단위당 고정비용을 줄이는 효과가 있다. 한 마을의 한 가구에 전기를 공급하나, 같은 마을의 100가구에 전기를 공급하나 거의 비슷한 시설을 설치해야 한다. 그래서 가구 수가 늘어남에 따라 가구당 고정비용은 지수함수적으로 감소한다.

네트워크 효과를 수요자 측면에서 보면 어떤 사람의 수요가 다른 사람의 수요에 영향을 받는다. 개인의 수요가 독립적이지 않고 다른 사람의 소비에 영향을 받고 효용이 달라진다는 뜻이다.

다른 사람에게 과시하기 위해 소비하는 '베블런 효과', 다른 사람이 사면 나도 사는 '밴드왜건 효과' 등이 여기에 속한다. 네트워크 효과에서는 제품이나 서비스 자체보다는 얼마나 많은 사람이 그 제품과 서비스를 사용하는지 또는 사용할 것인지, 어떻게 평가하는지가 중요하다.

사람의 연결

언젠가 영생할 수 있는 인간이 나올 수 있을지 모르나, 과거부터 현재까지의 인간은 유한한 수명을 가진다. 이 인간의 유한성을 극복하고자 사람들은 아이를 낳아 자신의 유전자를 후세에 넘겨주고 인류를 유지해 왔다. 이것이 죽을 운명인 사람이 수명에 대응한 방법이다. 또 다른 방법은 제자를 받아들여 교육하고 훈련시켜 자신의 기예技藝와 문화 유전자를 후세대에 넘겨주는 것이다.

우리나라를 포함한 동양의 서원이나 사찰 등에서 학문과 종교, 무예를 가르치고 전수했다면 서양에서는 길드의 작업실에서 인재를 양성했다. 지베르티는 도나텔로를, 도나텔로는 베로키오를, 베로키오는 다빈치를 가르쳤고, 발도비네티는 기를란다요를, 기를란다요는 미켈란젤로를 가르쳤다. 서양의 길드 체제로 하는 인재 양성이나 동양의 사제 관계로 하는 인재 양성은 동서양의 교육 본질이 긴밀한 인간관계를 통한 네트워크 시스템이라는 것이다.

앞에서 살펴본 분리의 여섯 단계 이론에 관한 후속 연구들에 따르면, 사람들 사이에 분리된 단계를 많이 축소할 수 있는 영화계의 케빈 베이컨 같은 특별한 사람들이 존재한다. 내 세상의 관심 범위를 넓히려면 나와 비슷한 사람과 네트워크를 형성하는 것을 넘어서서 나와 많이 다른 다양한 사람과 관계를 형성해야 한다. 이것은 "다양성에서 창의성이 나온다"와 같이 다양성을 존중하는 사회를 만들어야 하는 많은 이유 중 하나이다.

더 나아가 다양성은 생존과도 연결된다. 보통은 다양한 품종의 작물을 함께 재배하기보다 생산성이 좋은 품종 하나를 재배하는 '단작單作,'이 효율적이라고 생각한다. 하지만 병충해 등 어떤 위기가 닥치면 단작은 매우 위험하다. 가장 대표적인 단작 피해 사례가 19세기 아일랜드의 감자 기근이다. 감자 기근은 단일 품종의 감자를 아일랜드 전역에 심었다가 감자잎마름병이 돌자 거의 동일한 유전형질을 갖는 감자들이 한꺼번에 질병에 걸리게 되고 수확량이 대폭 감소하여 대기근을 악화시키게 된 것이다.

인간은 정착 생활을 시작하면서부터 지금까지 가축이나 작물의 품종을 개량해 왔다. 이것은 가축과 작물의 유전자 다양성을 극도로 억제하는 결과를 초래했다. 그 결과 조류독감이나 구제역과 같은 질병이 발생하면 닭, 돼지 등의 가축에 미치는 피해가 어마어마하다. 조류독감으로

2016년 겨울 국내에서 3천만 마리 이상의 닭을 살처분하는 최악의 기록을 세우기도 했다. 작물에 미치는 병충해도 마찬가지이다.

생물종의 다양성과 생물종 내의 유전자 다양성이 생명에서 중요하듯 문화의 다양성, 사고의 다양성, 경험의 다양성은 지속 가능성 차원에서 인류에 중요하다. 이런 의미에서 국내의 다문화 가족은 우리 민족의 종 다양성, 유전자 다양성, 문화 다양성을 넓힌다. 나하고 많이 다른 사람을 존중하고, 다양성을 존중하는 마음으로 톨레랑스(관용)를 가져야 한다.

사회 네트워크에서 각 노드(사람, 기업, 도시, 국가 등)의 상대적 중요성을 판단하는 여러 가지 개념이 있다. 대표적인 것으로 노드가 네트워크에서 얼마나 중심에 있는가 하는 근접 중심성closeness centrality, 노드가 얼마나 많은 노드와 연결되었는가 하는 연결 중심성degree centrality, 노드가 다른 노드들을 얼마나 잘 연결해 주는가 하는 매개 중심성betweenness centrality 등이 있다. 시간이나 예산과 같은 자원이 한정된 현실에서 어떤 사람을 만날지, 어느 도시 사이에 도로를 건설할지, 어떤 도시 사이에 항공 노선을 만들지, 어떤 국가와 자유무역협정FTA을 체결할지와 같은 문제의 우선순위를 정할 때 이러한 네트워크 원리를 활용할 수 있을 것이다.

100번째 원숭이 효과?

티핑 포인트tipping point나 임계 질량critical mass이라는 용어가 있다. 과학

에서 사용되던 용어가 사회학에서 차용되어 사회의 갑작스러운 변화를 설명할 때 많이 사용된다. 이미 일어난 사회적 변화 또는 변화를 일으키는 힘이 어느 시점까지는 보이지 않다가 어떤 분기점을 지나면 변화가 크게 가시화되는 현상을 설명할 때 그 분기점을 말하는 용어이다. 이 용어는 20세기 중반 백인들이 살던 마을에 흑인들이 하나둘 이사를 오기 시작하면서 흑인들의 비율이 어느 수준을 넘어서자 백인들이 일제히 이사를 가버리는 백인들의 교외 이주white flight 현상을 설명하기 위해 사용되었다. 우리나라에서도 조선족과 중국인의 이주와 관련해서 일부 지역에 이 현상이 나타나기 시작했다.

티핑 포인트와 관련해서 유사 과학에 기반을 둔 '100번째 원숭이 효과hundredth monkey effect'가 있다. 한 집단에서 어떤 행동을 하거나 의견에 찬성하는 사람의 수가 임계점을 넘어서면 모든 다른 집단으로 이러한 행동과 의견이 전파된다는 가설이다. 이 가설은 일본 고시마섬에서 고구마를 바닷물에 씻어 먹는 것을 배운 원숭이 수가 늘기 시작해 100마리가 되니, 떨어진 이웃 섬들에서도 고구마를 씻어 먹는 원숭이가 나타났다는 비과학적 연구 결과에서 출발한다. 여기에 잘못된 관찰과 해석, 과장이 더해져 하나의 도시 전설urban legend이 되었다.

자연과학이 아닌 사회적 현상에서 티핑 포인트나 임계점을 찾기는 쉽지 않지만 가치를 공유하는 100명 정도의 동료를 만들면 훨씬 쉽게 그 가치를 확산시킬 수 있다. 개인의 변화가 축적되면 사회적 변화로 나타나는데, 네트워크의 힘을 발휘할 수 있다.

　교통·통신으로 대표되는 과학기술의 발달과 세계화, 개방화로 국제적 연결이 강화되고 있다. 주가, 지가, 금리, 환율 등의 개별 지표가 국제적으로 함께 움직이는 동조화同調化를 넘어서 전반적 경기나 경제 위기도 밀접하게 영향을 주고받으며 같은 방향으로 움직인다. 전 세계적인 네트워크가 강화됨에 따라 나타난 세계적 동조화 현상은 국내 상황만 고려하여 정책을 추진하기 어렵게 했다. 반대로 생각하면 다른 나라의 정책 변화에 우리나라도 빨리 대응해야 하고, 우리가 정책을 추진할 때는 다른 나라의 대응을 예상해서 정책을 만들어야 한다.

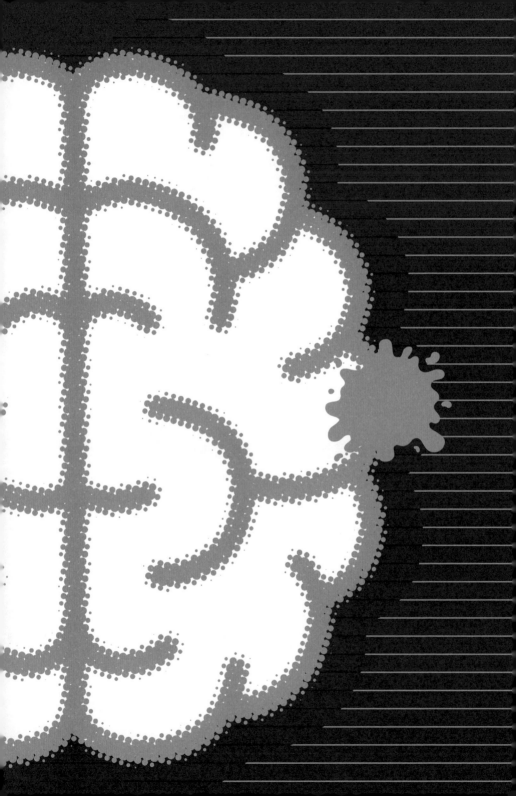

만물은 변·속·머 물·화·문 은·에·다

BRAIN SHOWER

"물살을 그대로 따라가는 것은 죽은 물고기뿐이다."

– 앤디 헌트

《누가 내 치즈를 옮겼을까?》에서 나오는 것처럼 변화는 항상 일어나고 있고, 변화는 치즈를 계속 옮겨 놓는다. 존 F. 케네디의 말처럼 "변화는 삶의 법칙"이기 때문에, 치즈를 찾기 위해서는 변화를 알고 지배해야 한다. 전 휴렛팩커드 회장 류 플랫이 말했듯 변화하는 세상에서는 "과거에 당신을 성공으로 이끌었던 바로 그 비결이 새로운 세계에서는 먹히지 않을 것"이다. 변화를 예상하지 못하면 시대에 뒤쳐질 수밖에 없다. 스티븐 호킹의 말처럼 "지능은 변화에 적응하는 능력이다." 변화를 예상하여 변화 적응 능력을 키워나가자. 괄목상대括目相對라는 말처럼 사람은 짧은 기간 안에도 몰라보게 달라질 수 있다. 생물학적으로도 모든 사람의 뉴런neuron은 계속 변한다. 따라서 어떤 사람을 안다고 할 수도 없을 것이다. 변화에 대응하는 수준을 넘어서서 자신을 변화시키고 세상의 변화를 창출하는 변화의 아이콘이 되어 보자.

인생은
항해
이다

인생을 항해에 비유하는 경우가 많다. 변화하는 바람과 조류에 맞춰 언제 어느 곳에 닻을 내려 정박하고, 언제 닻을 들어 올리고 어느 방향으로 돛과 키를 돌려 항해하는지가 인생을 좌우한다.

닻 내림 효과

큰 쇼핑몰에 옷을 사러 가서 괜찮은 양복을 하나 발견했다. 가격표를 보니 48만 원이 붙어 있다. 그런데 그 옆에 있는 양복에는 빨간딱지로

50퍼센트 할인된 가격 24만 원이 붙어 있다. 왠지 빨간딱지가 붙은 양복을 빨리 사서 24만 원을 아껴야 할 것 같은 기분이 든다.

이처럼 사람이 의사 결정을 할 때, 배가 닻을 내린 곳 주변에서 맴도는 것처럼 처음 본 숫자가 의미 없는 것이더라도 그것이 닻의 역할을 해서 의사 결정에 영향을 준다는 것이 닻 내림 효과anchoring effect이다. 닻 내림 효과는 사람의 선입견이나 고정관념이 무서운 이유이다. 사람이 의사 결정을 하기 전에 모든 정보를 합리적으로 분석하는 것이 아니고 첫인상이나 기존 정보에 많이 의존한다는 것이다.

경매나 협상에서도 첫 번째 제안이 중요하다. 이것이 경매나 협상의 틀을 만들기 때문이다. 물건을 살 때도 누가 먼저 가격을 제안하는가, 상대의 제안에 첫 번째 반대 제안을 어떻게 하느냐가 협상의 결과를 좌우한다.

이제 항해하기 위해 닻을 들고, 돛을 올렸다. 올리버 웬들 홈스Oliver Wendell Holmes, Sr.의 말처럼 "항구에 도착하려면 우리는 항해해야 한다. 때로는 순풍에 돛을 달고, 때로는 역풍에 돛을 달고. 그러나 방향을 못 찾고 표류하거나 닻을 내리고 머물러서는 안 된다." 배가 원하는 방향으로 가기 위해서 바람이 뒤에서만 불어야 하는 것은 아니다. 사각돛(횡범)을 단 배는 역풍이 불면 돛을 내리고 기다려야 하지만, 삼각돛(종범)을 단 배는 그럴 필요가 없다. 순풍이 불 때 돛에 부는 바람의 저항과 함께 돛의 앞뒷면 사이의 압력 차이에 따른 양력lift 등으로 배가 나아가는 것이다. 역풍이 불 때도 지그재그식으로 항해한다. 바람의 방향이 바뀌면 바뀐 방향에 맞추어 돛의 방향을 바꾸면 된다.

훌륭한 선장에게는 바람의 방향은 문제가 아니다. 바람의 세기가 문제이다. 변화하는 바람과 파도의 방향은 못 바꿔도 돛의 방향을 바꿈으로써 우리가 원하는 것을 얻는다. 변화는 생각하기 나름이다. 훌륭한 선장은 폭풍우가 몰아칠 때 그 진가를 발휘한다.

변화의 방향을 살펴라

모든 변화에는 방향이 있다. 쉽게 순방향과 역방향을 생각할 수 있지만, 자신이 의도한 방향과 의도하지 않은 방향, 생각한 방향과 생각하지 못한 방향으로도 나눌 수 있다.

변화의 방향과 관련해서 특히 기독교와 불교를 대변하는 서양과 동양의 역사관, 즉 기독교의 직선적 역사관, 불교의 순환적 역사관을 이해하고 이를 상황에 따라 적용해야 한다. 세상과 인류의 창조로부터 시작하여 인류의 심판과 종말로 이어지는 기독교의 직선적 역사관은 도입

브레인 샤워

→성장→성숙→쇠퇴를 거치는 제품의 수명 주기life cycle나 요구 사항 분석→설계→개발→테스트→운영 단계를 거치는 소프트웨어 개발의 수명 주기 등과 같이 여러 분야에서 활용된다. 열반에 이르지 못한 중생들은 태어나서 죽고 다시 태어나는 윤회의 수레바퀴에서 벗어나지 못한다는 불교의 순환적 역사관은 "달도 차면 기운다"라는 우리의 속담과 함께 경기순환 이론 등에 활용된다.

경제학에서 목표를 설정하고 정책을 추진하다 보면 오버슈팅overshooting이나 언더슈팅undershooting이 발생한다. 단순하게 예를 들면 정부가 달러당 원화 환율을 1,000원에서 1,100원으로 상승(원화 가치를 하락)시키려고 시중에 돈을 10퍼센트만큼 더 풀면 환율이 바로 1,100원이 되는 것이 아니라 1,150원까지 오버슈팅이 되었다가 차츰 내려오면서 1,100원이라는 목표점에 도달한다. 거꾸로 원달러 환율을 1,000원에서 900원으로 하락(원화 가치를 상승)시키려고 시중의 돈을 10퍼센트만큼 줄이면 환율이 850원까지 언더슈팅이 되었다가 차츰 올라가면서 900원이라는 목표점에 도달한다. 오버슈팅과 언더슈팅을 합쳐서 오버슈팅이라고도 한다.

이러한 현상에 대한 원인을 여러 가지로 분석하는데 이 중 하나가 경제 변수의 변화 속도의 차이로 설명하는 것이다. 부동산 가격과 같은 실물 자산의 가격은 천천히 움직이는 데 반해 환율이나 주가와 같은 것은 빠르게 변한다. 이러한 변수의 변화 속도 차이가 오버슈팅을 만든다는 것이다. 이러한 현상은 뒤에서 알아볼 평균으로의 회귀regression toward the mean와도 연결된다. 따라서 사회적 현상을 예측할 때는 항상 오버슈팅이나 언더슈팅을 고려해야 한다. 환율이나 주가의 움직임에는 이러한 오버슈팅이 있기 때문에 이것을 이용하여 역방향으로 접근하면 단기적인 이득을 얻을 수 있다.

우리는 언론에서 경기景氣가 좋다, 경기가 나쁘다는 말을 많이 듣는다. 경기는 국가의 전반적 경제 활동의 수준을 말하는 것으로 경기가 좋다는 것은 국가 전체의 생산, 소비, 수출, 수입, 투자나 고용과 같은 경제 활동이 활발하게 이루어지는 것을 의미한다. 국가, 기업, 가계 등 경제 주체들은 각자의 활동을 조절하기 위해서 경기의 변화에 항상 관심을 기울여 살핀다.

경제지수에는 현재의 경기를 정확히 알려 주고 경기와 함께 움직이는 경기동행지수가 있지만, 가까운 미래의 경기를 전망할 수 있도록 해주는 경기선행지수나 시간을 두고 경제 상황을 따라가는 경기후행지수도 있다. 코스피 주가지수처럼 주가는 경기에 앞서 경제 전망에 따라 미리 움직이고, 광공업과 서비스업의 생산지수는 현재의 경제 상황을 보여주며, 제조업 재고지수는 경기를 뒤따라 움직인다.

또한, 경기가 좋아지면 함께 좋아지고 경기가 나빠지면 함께 나빠지는 것과 같이 경기와 같은 방향으로 움직이는 지표를 경기순행지표라고 하고, 경기와 반대 방향으로 움직이는 지표를 경기역행지표라고 한다. 경기가 좋아지면 보통 총소비, 총투자, 총고용, 주가, 명목이자율 등이 증가하고, 실업률은 낮아진다.

의복으로 살펴보는 변화의 방향

경제학자는 경기변동을 알아채기 위해 사람들이 입은 의복과 경기의 상관관계에 관심을 가졌다. 수입이 변하면 지출에 영향을 미치고, 이 지출 변화를 쉽게 알 수 있는 것이 의복이기 때문에 경제학자들이 여기에 착안하여 이론을 세운 것으로 유추할 수 있다. 자동차나 보석과 같은 것으로도 알 수 있겠지만 옷만큼 빨리 변하거나 눈에 띄지는 않기 때문에 옷에 관심을 가졌을 것이다.

1926년 조지 테일러George Taylor는 주가와 함께 치맛단이 올라간다는 '헴라인 이론hemline theory'을 발표했다. 주가가 올라가면 치마도 올라가고(짧아지고) 주가가 내려가면 치마도 내려간다(길어진다)는 이론으로, 1929년 대공황 때는 하룻밤 사이에도 치맛단이 내려갔다고 한다. 최근에는 경기가 불황일 때 여성들의 치마 길이가 짧아진다는 연구 결과도 나오고, 불황과 상관없이 미니스커트 길이는 해마다 짧아진다는 통계도 나온다.

남의 속옷을 들춰 볼 수는 없지만, 시장에서 남자의 속옷 판매량이 늘기 시작하면 경기가 회복되기 시작하는 것을 보여 준다는 남성속옷지수men's underwear index도 있다. 보통 속옷의 수요는 일정하나 경기가 침

체하면 속옷을 사지 않다가 경기가 회복되면서 사지 않고 미루어 두었던 속옷을 사기 때문에 이런 현상이 일어난다는 것이다. 옷뿐만 아니라 사람의 행동을 보면 변화의 방향을 예측할 수 있다. 유행을 대변하는 사람들의 선호 표시를 얼마나 빨리 읽어 낼 수 있는가에 따라 사업의 성패가 갈리기도 한다. 시간은 미래로 흐른다. 변화의 방향을 살피고 이를 활용하여 좋은 선택을 하는 지혜가 필요하다.

엔트로피는 증가 한다

열역학에는 많은 법칙이 있다. 열역학 제1법칙은 물리화학적 반응 전후에 에너지가 보존된다는 것으로 '에너지 보존의 법칙'이라고 한다. 열역학 제2법칙은 '엔트로피 증가의 법칙'이라고 한다. 엔트로피는 물질계의 열적 상태를 나타내는 물리량의 하나로 무질서도라고도 한다. 엔트로피가 증가한다는 것은 추운 곳과 더운 곳이 있으면 추운 곳은 더 추워지고 더운 곳은 더 더워지는 것처럼 에너지가 한 곳으로 몰려 질서가 잡히는 것이 아니라, 뭉쳐 있던 에너지가 흩어져 온도가 비슷하게 되어간다는 것이다. 엔트로피 증가의 법칙은 인간의 죽음은 필연적 결과이고, 우주는 언젠가 멸망한다는 것을 이론적으로 설명한다. 그래서 이 법칙을 처음 발표한 루돌프 클라우지우스를 우울한 과학자라고 불렀다.

엔트로피는 '불확실성의 증가'라는 변화의 방향을 예측하게 해 준다. 정보를 엔트로피와 관련해서 이해하는 노력도 있지만 궁극적으로 닫힌 시스템은 외부로부터 부negative의 엔트로피, 즉 에너지의 유입이 없으면 궁극적으로 소멸할 수밖에 없다는 것이다.

루트비히 볼츠만Ludwig Eduard Boltzmann은 다음과 같은 수식으로 엔트로피를 통계역학적으로 설명했다.

$$S = k \log W$$

여기서 S는 엔트로피, k는 볼츠만 상수, W는 계의 거시 상태를 만들 수 있는 가능한 미시 상태의 수를 의미한다. 볼츠만 상수로 미시적인 물리량(W)을 거시적인 물리량(S)으로 연결해 준 것이다.

볼츠만의 묘는 비엔나 중앙 묘지에 있는데, 그 묘비에는 위의 공식이 묘비명으로 있다. 엔트로피를 설명하는 수식이 엔트로피 증가에 따라 죽음을 맞이한 사람의 묘비로 기념된다는 것이 상징적이다.

루트비히 볼츠만 묘비

엔트로피는 증가한다. 물이 위에서 아래로 흐르는 것처럼 열은 뜨거운 곳에서 차가운 곳으로 이동한다. 시간은 미래로 흐른다. 사람은 늙는다. 늙지 않기 위해서는 부의 엔트로피가 필요하다.

F. 스콧 피츠제럴드의 단편 소설이자 영화 〈벤자민 버튼의 시간은 거꾸로 간다〉처럼 시간은 거꾸로 가지 않는다. 피츠제럴드는 "우리가 80세로 태어나 18세를 향해 다가간다면 인생은 무한히 행복하리라"라는 마크 트웨인의 말에서 이 소설을 착안했다고 한다. 미얀마의 '올랑 사키아'라는 부족은 나이를 거꾸로 센다고 한다. 세상에 막 태어난 아기의

나이가 60세이고, 해마다 한 살씩 나이를 먹어 60년 뒤에는 0세가 된다. 만약 60년 이상 살면 덤으로 10살을 주고, 다시 0세를 향해 나이를 먹어 간다.

에스컬레이터 한 줄 서기와 두 줄 서기

에스컬레이터가 많이 보급되면서 자연스럽게 에스컬레이터의 줄 서기 문화가 생겨났다. 천천히 에스컬레이터를 이용하려는 사람은 오른쪽에 한 줄로 서고, 바쁜 사람들은 왼쪽을 이용할 수 있도록 비워 놓는 한 줄 서기가 세계 많은 나라에 정착되었다. 필자의 눈에는 도로의 차선과 같이 왼쪽은 추월선, 오른쪽은 주행선처럼 보였다. 국내에서도 한 줄 서기가 어느 정도 정착되었다가, 한 줄 서기로 에스컬레이터 사고가 증가하고 승객들의 무게중심이 에스컬레이터의 한쪽으로 쏠려 기계의 고장이 잦다는 이유로 2008년 1월 30일 두 줄 서기로 바뀌었다. 그러나 두 줄 서기가 시민들의 불편 제기와 함께 문화로 정착하지 못하자 2014년 다시 한 줄 서기로 바꾸었다. 사람들이 편하게 빨리 가려는 목적으로 에스컬레이터를 이용하는 것인데, 그것을 거슬러 천천히 움직이는 에스컬레이터에 맞춰 기다리라고 요구하는 것은 어렵다. 아주 센 벌칙으로 규제하겠다는 독재적 발상이 아니고는 제도로 정착하기 어려울 것이라고 생각한다. 무게중심의 변화를 설계에 반영하여 에스컬레이터의 고장을 막는 것이 쉬운 방법일 것이다.

2010년 필자는 한 교사에게 머리카락은 자라기 마련이므로 머리카락 길이를 단속하며 학생들과 싸우는 것은 지는 싸움이라는 이야기를 들었다. 비본질적인 것으로 다른 사람의 선호나 행동을 규제하려는 시도는 함께 사는 사회에 맞지 않는 발상이다.

필자는 업무를 보면서, 공급한 에너지가 손실 없이 모두 일로 전환될 수 있는 영구기관을 발명했는데 특허를 받아 주지 않는다는 사람들의 민원을 들었다. 이것은 영구적으로 에너지를 만들어 낼 수 있는 영구기관 중 하나인 제2종 영구기관이다. 제2종 영구기관은 에너지 보존의 법칙인 열역학 제1법칙은 만족하지만, 물질계 내부에서는 항상 엔트로피가 증가한다는 열역학 제2법칙에 위배된다. 엔트로피는 증가하기 마련인데 제2종 영구기관을 발명하려는 것은 불가능하다고 생각해야 하지 않을까.

비례의 원리로 예측하지 말라

일반적으로 사람은 경험하는 것을 수학적 비례로 생각한다. 예를 들어, 은행에서 100만 원을 빌리려고 하니 연이율 5퍼센트로 이자 5만 원을 내면 빌려주겠다는 것을 보고, 10억 원을 빌릴 때도 똑같은 조건으로 이자 5,000만 원만 내면 빌릴 수 있을 것이라고 생각하는 식이다. 많은 경우 확대하거나 축소해서 비례의 법칙으로 생각하는 것을 합리적이라고 생각하지만 그렇지 않은 경우가 많다. 한 주의 주가가 1만 원이고 주가 총액이 100억 원인 회사의 주식을 100주 살 때는 평균 매입 단가 1만 원으로 한꺼번에 살 수 있지만, 1만 주를 살 때는 평균 매입 단가 1

만 원으로 한꺼번에 사는 것은 거의 불가능하다. 전체에 영향을 미치지 않을 정도로 극히 작은 부분에서는 통하던 일을 상당한 규모로 확대하면 통하지 않는 일이 비일비재하다.

또한 어떤 집단에 소속한 사람의 수가 늘어날수록 각 개인의 생산성이 줄어드는 경향을 말하는 링겔만 효과ringelmann effect도 기억해야 한다. 한 회사에 소속한 미싱사 2명이 하루에 20벌의 옷을 만든다고 하자. 미싱사가 20명이 되면 200벌의 옷을 만들어야 하는데 실제로 만드는 옷은 그에 많이 미치지 못한다는 것이다. 팀당 5명으로 하는 줄다리기에서는 모두 죽을힘을 쓰지만, 팀당 50명으로 하는 줄다리기에서는 자기 힘을 다하지 않는 사람이 많이 있다는 것이다.

과학적으로 비례를 잘못 생각하는 경우도 있다. 예를 들어 비행기를 만들 때 소형 비행기의 동체와 날개 등을 같은 비율로 확대해서 만들면 날 수 없게 된다. 체적이나 무게의 비례로 생각하지 않고, 길이나 면적의 비례로 생각하면 날개가 동체의 무게를 감당하지 못한다. 바이오산업이나 화학산업의 실험실에서 성공한 것을 대량 생산하려다가 실패하는 사례가 많다. 이는 미생물이나 촉매의 작용을 단순하게 비례로 생각해서 나오는 실수나 실패일 때가 많다.

지금은 별로 보이지 않지만 옛날에는 가을 벼 수확철이 되면 논에 메뚜기가 많이 있었다. 메뚜기는 수가 적을 때는 벼를 비롯한 농작물에 별로 피해를 주지 않지만, 특정 수를 넘어서면 가는 곳마다 모든 것을 먹어 치우는 무서운 존재가 된다. 단지 숫자가 많아져서 먹어 치우는 양이 많아진다는 것이 아니다. 한곳에 모인 메뚜기의 숫자가 많아지면 다른 종이 된다고 생각해야 한다. 개체 밀도가 높아져 메뚜기끼리 서로 접촉이 많아지면 신경계의 세로토닌이 증가하고 호르몬 변화로 날개가 길어지는 등의 신체적 변화가 일어난다. 메뚜기의 식욕도 하루에 자기 몸무게의 두 배까지 먹어 치울 정도로 엄청나게 늘어난다. 이렇게 변한 메뚜기를 황충蝗蟲 또는 비황飛蝗이라 부른다. 성경의 출애굽기를 보면 이집트에 내려진 여호와의 10가지 재앙 중 여덟 번째 재앙으로, 메뚜기가 땅을 덮어 이집트 온 땅에서 "나무나 밭의 채소나 푸른 것은 남지 아니"하게 되었다고 한다. 한국, 중국, 일본 등 동양에서도 메뚜기 떼로 엄청난 피해를 본 역사가 있다.

영화의 소재로 여러 차례 사용된 피라냐도 비슷하다. 식인어로 알려진 피라냐는 무서운 이빨과 공격성 그리고 왕성한 식욕으로 유명하다. 종류에 따라 다르지만 피라냐가 혼자 있을 때는 상당히 겁이 많은 물고기라고 한다. 하지만 피라냐 떼는 그렇지 않다. 그래서 피라냐가 떼를 이루어 사는지도 모르겠다.

나비효과

카오스 이론은 기상 예측과 같이 비선형적 현상을 설명하려고 발전했

다. 재미있는 비유로 "아마존에서 나비가 날갯짓을 하면 뉴욕에서 폭풍이 일어난다"라는 '나비 효과butterfly effect'를 말하기도 한다. 카오스 이론에서는 아주 미세한 초기 값의 차이가 아주 큰 결과의 차이를 가져올 수 있다. 샤워 5단계에서 자세하게 살펴볼 수학적 귀납법처럼 초기 조건을 알면 미래를 예측할 수 있는데, 카오스 이론에서는 초기 조건에 특히 민감하다. 비례의 원리로 설명할 수 없는 것이다.

변화는
파르마콘
이다

그리스어 파르마콘pharmakon은 '약'이며 동시에 '독'이고, '축복'이며 동시에 '저주'라는 의미가 있다. 플라톤은 글은 말하는 사람의 입에서 직접 나오는 말보다 말하는 사람의 의도를 벗어날 가능성이 크기 때문에 독이 되기도 하지만, 시간의 제약을 받지 않고 반복될 수 있기 때문에 약이 될 수도 있다는 의미에서 파르마콘이라고 했다. 파르마콘은 이중성이나 애매성을 의미하기도 한다. 《교육개혁은 왜 매번 실패하는가》를 보면 근대 교육의 성공과 새로운 위기에 작용하지 않는다는 내재적 특성으로 교육열을 파르마콘에 비유했다. 필자는 사회와 부모의 교육

열 또한 파르마콘으로 작용한다고 생각한다.

변화는 위기이면서 기회인 파르마콘이다. 변화는 항상 어떤 사람에게 는 위기인 동시에 어떤 사람에게는 기회로 작용한다. 특정한 사람, 사 회, 국가가 변화에 대응하지 못하면 위기이지만, 변화를 잘 활용하면 큰 기회이다.

고대 그리스의 헤라클레이토스가 말한 것처럼 만물은 항상 변화한 다. 변화의 방향이 다양하고, 그 속도 또한 엄청나게 빠른 현대에 와서 는 위험과 기회 요인이 과거 어느 때보다 크다. 이러한 변화의 이중성 을 고려하지 않고 변화의 소용돌이에 빨려 들어간다면 개인과 사회에 닥쳐올 어려움은 엄청날 것이다. 반대로 이러한 변화의 방향을 읽고, 그 변화의 거대한 에너지를 활용한다면 변화가 크면 클수록 더 큰 기회 를 얻을 것이다.

하루를 바쁘게 살고 걱정거리가 많으면 문제로 보는 사람이 많지만, 편 안하게 하루를 사는 것을 문제로 볼 수도 있다. 여기서 발전을 이룬다. 변화라는 관점에서 보면 변화하지 않는 것이 문제이다. 세상은 흐르고 있는데 나는 어제와 그대로라면 문제이다. 자신의 한계에 도달해서 포 기하는 것과 한계에 도달해서 그것을 뛰어넘는 것도 같은 현상을 보고 어떻게 인식하느냐가 차이를 만든다. 헤라클레이토스의 말처럼 "한계 가 지혜를 낳는다."

문제로 인식하지 못하면 뜨거워지는 물속의 개구리

다국적 컨설팅 업체 맥킨지는 외환위기 직후인 1998년 우리나라의 문제를 다룬 한국 보고서를 처음 낸 뒤 15년만인 2013년 제2차 한국 보고서를 냈다. 이 보고서에서 맥킨지는 한국을 '서서히 뜨거워지는 물속의 개구리'라고 평가한다. 변온동물인 개구리가 물의 온도가 서서히 올라가는 동안 위기를 모르고 있다가 죽는 것처럼 한국도 자신이 죽어 가는 것을 모른다는 것이다. 문제를 인식하지 못하면 죽음에 처할 수밖에 없다.

문제로 인식하면 도약

냉전 시대 1957년 10월 4일 구소련은 현재 카자흐스탄의 바이코누르 우주기지에서 세계 최초의 인공위성 스푸트니크 1호를 발사하여 궤도에 올리는 데 성공했다. 국제지구물리관측년(1957.7.1.~1958.12.31.) 동안 인공위성을 발사하려는 미국과 소련의 경쟁에서 소련이 이긴 것이다. 스푸트니크 1호는 83.6킬로그램의 위성으로, 22일 동안 0.3초마다 위성의 온도 정보를 발신하는 임무를 수행하고 3개월 후에는 대기권에 재진입해 불타 버렸다. 하지만 소련이 인공위성을 쏘아 올린 로켓 기술에 핵탄두를 장착하여 공격할 수 있다는 공포와 위기감은 미국을 비롯한 전 세계를 오랫동안 뒤덮었다. 미국은 이것을 스푸트니크 충

격Sputnik crisis이라고 부르며 과학기술과 교육에 대대적으로 투자했다. 1958년 대통령 직속으로 나사NASA를 창설하고, 엄청난 예산을 투입하는 우주탐사 계획을 수립했다. 그동안 미국은 소련과 경쟁하면서도 독일 출신의 과학자에게는 미사일 개발을 맡기지 않았다. 하지만 인력 개방정책을 시행하여 나치 독일을 위해 V-2로켓을 개발한 베르너 폰 브라운Wernher von Braun을 비롯한 독일 출신의 과학자들에게 미사일 개발을 맡겨 인공위성을 발사하는 데 성공을 거둔다. 폰 브라운은 아폴로 11호를 쏘아 올린 새턴-5 Saturn V 로켓을 개발했다. 이러한 투자는 교육에서도 수학과 과학 등 기초 학문을 중요시하는 정책으로 변화시켰다. 미국은 케네디 대통령의 의회 연설Man on the Moon(1961.5.25)대로 우주탐사 계획을 진행해 1969년 7월 20일 아폴로 11호가 달에 착륙하는 성공을 거두는 등 구소련과의 우주 전쟁에서 승리했다.

인생을 뒤집어 볼 필요가 있다. 역경逆境은 지나가면 경력經歷이 된다. 위기는 케네디가 연설에서 인용한 것처럼 위험한 기회이다. 변화의 필요성을 느끼지 않던 기업과 정당과 국가도 위기가 닥치면 변화를 받아들인다. 그래서 사회 지도층은 항상 지금이 역사적으로 가장 위험한 시기라고 한다. 우리나라는 1997년 말 외환위기를 겪으면서 엄청난 기업구조조정을 해냈고, 미국은 2008년 금융위기를 겪으면서 건강보험개혁법을 통과시키고 소비자보호법을 개정했다.

토마스 쿤은《과학혁명의 구조》에서 새 패러다임이 자리하기 위해서는 과거 패러다임이 풀지 못하는 위기에 처해야만 하고, 이를 새 패러다임이 해결해 내어 많은 과학자의 동의를 얻어야 한다고 했다. 기존의 지식으로 풀지 못하는 문제와 위기 없이는 새로운 패러다임도 없다.

변화를 막는 방해물을 조심하라

변화는 물이 흐르는 것, 바람이 부는 것과 같다. 물은 높은 곳에서 낮은 곳으로 흐르기 마련이고, 바람은 기압이 높은 곳에서 낮은 곳으로 흐르기 마련이다. 즉, 변화는 일상적인 것이다. 물론 댐이나 보를 설치해 물이 흐르지 못하도록 하는 것처럼 일시적으로라도 변화를 막을 수는 있다. 하지만 흐르지 않는 물이 썩지 않도록 하는 것은 엄청나게 어려운 일이다.

권위나 명성은 변화를 가져오려는 사람의 생각을 막는다. 아리스토텔레스의 권위는 그의 학설에 의문을 제기하는 것을 어렵게 했다. 중세 로마교황청의 권위 때문에 얼마나 많은 과학적 발견이 묻혔던가! 종교인들은 자신이 믿는 종교에 의문을 제기하기 어려워한다. 필자도 성경의 권위, 목회자의 권위 때문에 의문이 있어도 성경의 내용이나 신앙이론에 관해 질문하지 못했다. 목회자들도 자신의 권위를 지키기 위해서 성도의 질문에 모르는 것을 모른다고 대답하지 못한다. 모처럼 용기를 내어 삼위일체론을 설명해 달라는 필자의 질문에 정통 기독교 재단의 목회자는 "내가 어머니에게는 아들이고, 아내에게는 남편이고, 아들에게는 아버지이지만 한 사람인 것처럼 하나님도 성부, 성자와 성령의 세 가지 명칭을 가지고 있지만 한 인격이다"라고 대답했다. 필자는 20여 년이 더 지나서야 이 대답이 정통 기독교에서 이단으로 여기는 시벨리우스의 양태론이라는 것을 알았다. 권위를 내려놓고 문제에 직면해야 무지와 불완전한 상태에서 벗어나고 보다 나은 해법을 찾아 변화할 수 있는데 그렇게 하지 않는다.

사람의 권위와 마찬가지로 회사의 명성이나 제품 브랜드도 변화를 막는 힘으로 작용한다. 더 좋은 제품을 중소기업이나 벤처기업에서 만들어도 대기업의 제품을 구매하는 것은 브랜드 효과 때문이다. 중소·벤처 기업의 제품을 선택했다가 혹시라도 문제가 생기면 책임을 져야 하지만 대기업 제품을 구매해서 문제가 생기면 책임을 면하기 쉽기 때문이다. 과거 "IBM을 구매해서 해고된 사람은 없다"라는 말이 있었다. 이 말은 IBM이 컴퓨터의 왕좌를 차지했을 때 회사에서 컴퓨터를 도입하려고 IBM을 선택하면 비싸게 샀다느니, 제품의 성능이 나쁘다느니 등 비난받지 않아 해고될 위험이 없다는 것이었다. 물론 IBM을 구매해서 잘 했다고 칭찬을 받거나 승진할 수도 없었을 것이다.

샤워 3단계에서 살펴본 바와 같이 선발자가 이점을 갖도록 만들어진 게임에서 후발자는 변화를 시도하지 않으면 승리할 수 없게 된다. 후발자가 게임의 설계를 이해하지 못하고 변화를 막는 현실을 따라가면 결코 승리할 기회를 얻지 못한다.

변화를 시도하라

첫 번째 펭귄first penguin과 관련하여 몇 가지 이야기가 있다. 하나는 용감한 선도자로서의 펭귄이다. 바다표범 등 무서운 펭귄 사냥꾼이 있을지 모르는 바닷속으로 먹이를 구하기 위해서 주저하는 다른 펭귄들보다 앞서 뛰어드는 펭귄 이야기이다. 다른 하나는 인내심이 부족한 펭귄이다. 펭귄 무리가 물 밖에서 기다리는데 이 중에 가장 인내심이 부족하여 위험한 바다로 뛰어드는 펭귄 이야기이다. 또 다른 하나는 무리에게 당한 희생자 펭귄이다. 먹이를 구해야 하는 펭귄 무리가 두려워서 바닷속으로 뛰어들지 못하고 물 밖에서 서성대다가 한 마리 펭귄을 밀어 물에 빠트려서 위험이 있는지를 알아보는 펭귄 이야기이다. 어떤 이야기이든지 한 마리의 펭귄은 다른 펭귄들이 물속에 뛰어들어 먹이를

구할 수 있도록 하는 위험 가늠자이다. 변화를 시도하지 않으면 모든 펭귄은 굶어 죽는다. 변화를 가로막는 위험을 파악하고 해결하는 방법을 찾아야 한다.

시간의 흐름은 변화를 내포한다. 그리고 변화에는 위험이 따른다. 위험을 헤지hedge하기 위한 방법으로 분산투자가 있다. 은행으로 유명한 로스차일드Rothschild 가문의 마이어 암셸 로트실트Mayer Amschel Rothschild(1744~1812)는 다섯 명의 아들과 함께 프랑크푸르트와 유럽 네 도시 런던, 파리, 나폴리, 비엔나에 은행을 열었다. 장남은 창업지인 프랑크푸르트 본점을 담당하고, 둘째는 비엔나, 셋째는 런던, 넷째는 나폴리, 다섯째는 파리에 지점을 열었다. 이들은 서로 정보를 공유하고 위험을 나누면서 성장했고, 200여 년이 지나는 동안 나폴레옹 전쟁, 두 차례의 세계대전 등을 거치면서도 런던과 파리 지점은 살아남아 오늘날까지 명성을 유지한다.

이보다 더 극적인 위험 헤지 사례가 우리나라에 있다. 조선왕조는 실록을 만들면서 외침, 특히 북쪽 중국의 침략에 대비해서 4대 사고로 한양의 춘추관 사고와 한양 이남의 충주 사고, 성주 사고, 전주 사고를 운영했다. 그런데 임진왜란으로 전주 사고를 제외한 다른 사고들이 소실되자 전주 사고본을 복사하여 5대 사고, 즉 춘추관과 강화도의 마니산 사고, 평안도의 묘향산 사고, 경상도의 태백산 사고, 강원도의 오대산 사고를 갖추었다. 그런데 다시 병자호란으로 북쪽에서 침입이 있었고 마니산 사고가 크게 파손되었다. 이에 따라 마니산 사고는 정족산 사고로 옮기고, 청나라의 침입을 대비하여 묘향산 사고를 전라도의 적상산 사고로 옮겼다. 서울과 지방의 정족산·적상산·태백산·오대산의 5대 사고를 갖추었다가 일제 강점기에 조선왕조실록 오대산본은 일본에 약탈되어 도쿄대학교에 보관되었고(2006년 반환), 6.25전쟁 때 적상산본이 북한으로 넘어가 김일성종합대학에 보관되었다. 정족산본은 서울대학교 규장각에, 태백산본은 국가기록원에 보관되어 있다. 이 역사적 사실은 위험 헤지를 위한 선조들의 지혜를 엿볼 수 있는 좋은 사례라고 생각한다.

과거의 경험 또는 역사가 새로운 변화를 막는 힘으로 작용한다. 고정관념을 만드는 가장 강한 수단이 교육이다. 교육은 하나의 수단이기 때문에 긍정적으로 작용할 수도 있지만, 세뇌하는 부정적인 수단으로 작용할 수도 있다. 넬슨 만델라Nelson Mandela는 "교육은 세상을 바꾸는 데 사용할 수 있는 가장 강력한 무기다"라고 말했다. 하지만 중세의 교회, 히틀러나 무솔리니처럼 교육으로 잘못된 종교 양식, 민족주의와 국가주의를 세뇌한 사례도 무수히 많다.

존 메이너드 케인스John Maynard Keynes가 말한 바와 같이 "과거의 아이디어로부터 벗어나는 것은 새로운 아이디어를 만들어내는 것보다 어렵

다." 이 변화의 방해물이 되는 과거의 생각에 빠지지 않도록 항상 깨어

있어야 변화에 능동적으로 대응할 수 있다.

변화도
상대적
이다

내가 탄 차가 빨리 달리면 다른 차가 느리거나 뒤로 가는 것처럼 느끼 듯이 내가 빨리 변하면 다른 사람이 변하지 않거나 거꾸로 가는 것처럼 느낀다. 나의 이념 성향에 따라 다른 사람의 이념 성향에 대한 판단도 달라진다.

최근 우리나라의 정치와 경제에서 좌파와 우파, 진보와 보수 논쟁이 뜨겁다. 당신은 보수인가 진보인가? 좌파와 우파, 보수와 진보가 무엇인가 하는 개념 정의 없이 평가하기도 하고, 각기 다른 개념으로 상대방을 재단하기도 한다. 물론 보수와 진보는 상대적 개념이다. 좌파와 우파의 분류는 프랑스 혁명 이후 국민공회의 중립적 위치인 의장석에서 볼 때 노동자와 농민을 대변하던 급진공화파 자코뱅파가 의석의 좌측, 그리고 상공업자를 대변하던 온건공화파 지롱드파가 의석의 우측에 자리한 것에서 유래한다. 물론 기존의 왕당파가 보기에는 자코뱅파와 지롱드파 모두 좌파였다.

진보와 보수의 스펙트럼

어떤 사회에 유권자가 100명이 있고, 유권자들은 오직 자신과 성향(진보-보수)이 가까운 사람에게 투표한다고 가정하자. 빛을 분광기로 분해하여 파장의 길이에 따라 늘어놓는 것처럼 전체 유권자 100명을 진보와 보수라는 안경을 끼고 분류하여 가장 좌측에 있는 사람부터 가장 우측에 있는 사람까지 한 줄로 늘어놓은 스펙트럼을 생각해 보자. 양당제의 최종 후보 두 사람이 후보로 나서서 선거를 치른다면, 두 사람은 서로 중앙에 위치하려고 자리싸움을 하며 50번째 사람과 51번째 사람 사이에 자신의 정치적 성향을 표시하려고 할 것이다. 하지만 이 두 사람은 당내 경선을 이기고 후보가 되어야 한다. 진보당은 왼쪽의 50명, 보수당은 오른쪽의 50명이라고 하자. 그러면 당내 경선에서는 사분위수에 맞추어 자신의 진보-보수 정체성을 위치해야 할 것이다. 물론 실제 선거나 당내 경선에서 후보가 두 사람만 있는 것도 아니고, 정책 사안

도 여러 가지이며, 유권자의 선호도 불분명하기 때문에 어떤 하나의 최적 전략을 파악하는 것은 어렵다. 게다가 당내 선거에서 표시한 이념 성향을 실제 선거에서 바꾸면, 유권자들은 이제 후보가 표시한 이념 성향이 진실한가 하는 의문을 품는다. 또한 당내 선거에서도 당원들이 자신과 이념 성향이 가까운 사람에게 투표하는 것이 아니라 선거에 이길 수 있는 사람에게 투표할 수도 있다.

변화는 상대적이다. 특히 시점이나 기간을 어떻게 잡느냐에 따라 더 상대적이다. 케인즈의 말대로 "장기적으로 우리는 모두 죽는다. 그러나 그것이 현재의 문제를 회피하는 수단이 되어서는 안 된다." 보수와 진보의 문제도 마찬가지이다. 시간은 미래로 흐르며, 사람은 죽는다. 살아서 하늘로 올라갔다고 성경이 말하는 에녹, 엘리야, 예수를 예외로 인정한다고 해도 현재까지 지구상에 살았던 수백억 명의 사람은 다 죽었다. 세상은 바뀔 수밖에 없다. 기술은 발전할 수밖에 없다. 물론 영화〈혹성탈출〉에서 본 것처럼 기술의 퇴보도 가능할 수 있겠지만 적어도 지금까지의 경험은 그렇다. 로마제국, 당나라, 몽골제국, 대영제국 등 역사적으로 세계의 패권을 잡았던 나라들은 다 그 지위를 잃었다. 미국도 그러할 것이라고 예측하는 것이 합리적이다. 다국적기업들도 마찬가지이다. 애플도 삼성도 언젠가는 다른 기업들에게 주도권을 내줘야 할 것이다.

색깔을 합치는 것도 상대적이다. 원색은 다른 색으로 만들 수 없는 독립적인 색으로, 원색을 혼합하여 모든 종류의 색을 만들 수 있다. 보통 원색은 기본 세 가지로 3원색이 있다고 한다. 그러면 원색 3개를 혼합하면 어떻게 될까? 무엇을 가지고 어떻게 혼합하느냐에 따라 색은 다 다르다.

빛을 혼합하여 색을 만드는 방법이 있다. 빛은 가할수록 원래 색보다 밝아져 모든 색이 섞이면 흰색이 된다. 그리고 물감을 혼합하여 색을 만드는 방법이 있는데, 물감은 더할수록 원래 색보다 어두워져 검은색이 된다. 색의 3원색인 자주, 노랑, 청록을 혼합하면 검은색이 되고, 빛의 3원색인 빨강, 초록, 파랑을 혼합하면 흰색이 된다.

나도
변한다

우리나라에 "똥 누러 갈 적 마음 다르고 올 적 마음 다르다(여측이심, 如廁二心)"라는 속담이 있다. 자기가 급하면 친하게 굴다가 일이 끝나면 마음이 변하는 것을 말한다. 병에 걸린 환자가 "병만 낫게 해주시면, 살려만 주신다면 뭐든지 다하겠습니다"라고 하다가 막상 병을 고치면 언제 그랬냐는 듯이 행동하는 경우가 많다. 시험을 앞두고는 미리 공부했어야 했는데 하면서 이번 시험만 끝나면 이제 열심히 공부하겠다고 마음을 먹었다가도, 시험이 끝나면 언제 그랬냐는 듯이 행동한다. 변하지 말아야 하는 마음은 변하고, 변해야 하는 행동은 변하지 않는 것이 일반적이다.

스코틀랜드에도 "위험이 지나가면 신은 잊혀진다"라는 속담이 있는 것을 보면 사람 마음은 비슷한가 보다. 화장실 갈 때 마음과 화장실 다녀와서 마음이 다르다. 아플 때 마음과 낫고 나서 마음이 다르다. 시대와 환경만 변하는 것이 아니라 내 육체와 정신도 바뀌고, 내 마음도 오락가락한다. 나에 대한 세상의 평가도 바뀌는 것이 당연하다.

유방을 도와서 항우를 물리치고 한나라를 세운 창업 공신 한신이, 한나라를 세운 후 한고조 유방에게 버림을 받으며 "교활한 토끼를 사냥하고 나면 좋은 사냥개는 삶아 먹힌다"라고 했다는 토사구팽의 고사도 비슷한 의미이다. 말 타면 견마 잡히고 싶다나 개구리 올챙이 적 생각 못한다는 속담처럼 우리 마음은 조변석개朝變夕改한다.

내 자신도 엔트로피의 법칙에서 벗어날 수 없다. 그리고 노화의 법칙에서도 벗어날 수 없다. 초등학교 시절 읽었던 만화에서 배운 이야기가 있다. 히말라야에는 할단새 또는 야명조소조夜鳴朝笑鳥에 관한 전설이 있다. 둥지를 만들지 않는 새로, 울음소리대로 "날이 새면 집을 짓자"라고 이름을 붙였다고 한다. 할단새는 밤이 되면 히말라야의 눈보라와 추위에 떨면서 날이 새면 집을 짓자라고 밤새 울다가, 낮이 되면 따뜻한 햇볕에 놀다 집을 짓는 것을 잊어버린다. 다시 밤이 되면 후회하고 밤새 우는 것을 반복하다 얼어 죽는 운명을 맞이한다. 지금까지 "날이 새면 집을 짓자"라는 새를 기억하며 살려고 했지만 필자도 낮에 집을 짓기는 쉽지 않았다. 원효대사는 중생의 가장 무서운 병이 '내일로 미루는 습관'이라고 했다. 우리는 이 무서운 병에서 벗어나야 한다.

"세 사람이 길을 가면 반드시 나의 스승이 있다"라는 말처럼 어느 곳에서든 내가 배울 수 있는 대상은 있다. 영화 〈스타워즈〉 시리즈를 보면 요다, 오비원, 아나킨으로 이어지는 사제 관계가 나온다. 우치다 타츠루의 《하류지향》에서 아나킨은 "내가 스승보다 더 강하다"라고 생각하고 배움의 문을 닫아 버리면 더 이상의 발전은 없다고 한다. 자신이 변하려고 하지 않으면 변화할 수 없다.

쉽지 않지만 자신이 부정적으로 변하는 것을 막고 긍정적으로 변하도록 마음을 먼저 변화시켜야 한다. 이어령 전 문화부 장관은 "책을 읽고 변하지 않으면 책을 읽은 것이 아니다"라고 했다. 읽고 배우지 않을 책을 뭐하러 시간을 낭비하며 읽는다는 말인가? 미국 작가 레오 버스카글리아Leo Buscaglia는 "변화는 모든 진정한 학습의 최종 결과물이다"라고 했다. 나도 한 번 변해 보자.

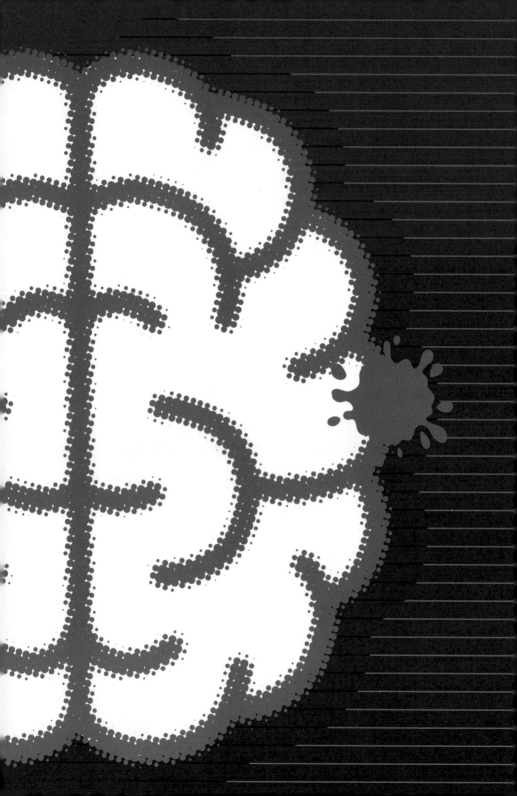

상식이란 이름을 조심하라

. . . . .

샤워 5단계

"법보다 상식." 내가 과장으로 모신 분이 항상 하시던 말씀이다. 우리가 세상을 살아 가면서 상식을 가지고, 상식적으로 산다는 것이 참 중요하다. 필자도 법보다 먼저 상 식에 어긋나지 않으려고 노력한다. 경영의 신으로 불리는 마쓰시타 고노스케에게 회사의 성장 비결이 무엇인지 질문하자, "비가 오면 우산을 쓰지요"라고 대답했다. 곧 자연의 이치에 순응하고 지극히 평범한 상식을 따라 기업을 경영하는 것이 성공 의 비결이라는 것이다. 하지만 많은 회사의 경영자들이 전혀 상식적이지 않은 판단 으로 회사를 어렵게 하는 경우도 많다. 반대로 세상에서 상식이라는 이름으로 잘못 된 판단을 하는 경우도 많다. 이것이 상식이란 이름을 조심해야 하는 이유이다.

다수결이
진리는
아니다

기원전 3세기경 그리스의 아리스타르코스가 최초로 지동설heliocentric theory을 주장했다. 하지만 16세기 코페르니쿠스 이후 과학자들이 주장하는 지동설을 점차 받아들이기 전에는 사람들 대부분은 천동설을 믿었다. 당시 사람들이 다수결로 정하는 우주의 운행 원리는 진리가 아니었다. 일찍이 소크라테스가 말한 바와 같이 옳고 그른지의 여부는 다중이 결정할 문제가 아니라 진짜 전문가가 정해야 하는 것이다. 옛날이나 지금이나 가짜 전문가가 너무 많다.

많은 사람이 무중력상태라는 용어를 사용한다. 그런데 이 지구상에 무중력인 곳이 있을 수 있는가? 무중력상태라고 부르는 현상은 실제로는 무무게상태weightless state로 중력이 관성력이나 원심력과 평형을 이루어 무게가 없는 상태를 말한다.

"다수결이 진리가 아니다"라는 말을 권위자나 엘리트가 하는 말이 옳다는 식으로 받아들여서도 안 된다. 이렇게 되면 베이컨이 말한 극장의 우상에 빠지는 것이다. 절대온도(K)로 유명한 영국의 물리학자이자 공학자인 켈빈 경Lord Kelvin은 1896년 기구ballooning같은 것을 제외하고 공기보다 무거운 탈것을 만들 수 있다고는 가장 작은 분자만큼도 믿지 않는다고 했다. 가장 터무니없는 전문가의 실수로 여기는 것은 1899년 미국 특허청장 찰스 듀엘Charles H. Duell이 "발명될 수 있는 것은 모두 발명되었다. 따라서 더 이상 발명할 것이 없다"라고 한 것이다.

과학도 바뀐다. 천동설도 과학이었다. 과거에는 상식이고, 과학적이라고 받아들였던 것들이 오늘날 잘못되었다고 판명되는 것이 많다. 자유 낙하를 할 때 무거운 물체가 먼저 떨어진다는 아리스토텔레스의 과학은 갈릴레이가 틀린 것으로 판명했다(갈릴레이가 실제 피사의 사탑에서 낙하 실험을 했는지는 불확실하다). 망치와 깃털이 같이 떨어지는 것은 1971년 아폴로 15호를 타고 달에 간 우주비행사 데이브 스콧Dave Scott이 한 실험 Apollo 15 Hammer and Feather Drop으로 보여 주었다. 뉴턴의 역학도 양자 세계에서는 적용할 수 없어서 많은 이론 물리학자가 양자역학을 만들어

냈다. 사람들 대부분은 뉴트리노neutrino가 무엇인지도 모르지만, 20여 년 전 물리학자들은 뉴트리노는 질량이 없다고 생각했다. 하지만 1998년 뉴트리노라는 원자 구성 입자도 측정 가능한 질량을 가진다는 것이 밝혀졌고, 관련 연구자들은 이 연구 결과로 2015년 노벨 물리학상을 받았다. 과학계에서는 지금도 과거의 상식을 하나씩 바꾼다.

자녀의 성별을 결정하는 데 아버지와 어머니 중에 누가 더 영향을 미치는가를 계속 논쟁하지만 아직까지도 불확실하다.

과학과 같은 학문의 영역에서만 다수결이 통하지 않는 것은 아니다. 민주주의 사회에서는 선거나 투표와 같은 방식으로 집단적인 의사 결정을 하면서 다수결을 따른다. 이런 경험들이 의식적으로 또는 무의식적으로 일상생활에서도 다수를 따르도록 강요하고, 강요받는다. 많은 사람의 의견이 진실에 근접하다고 여기고, 집단지능과 같이 대중의 지혜를 이야기하기도 한다. 대다수가 그렇다고 인정하는 것이 일반적인 상식이다. 하지만 많은 사람이 옳다고 해서 모든 것이 사실이고 진리는 아니며, 집단지능이 항상 바람직한 결과를 내는 것도 아니다.

공공경제학이나 재정학에서는 공공재의 선택과 관련해서 콩도르세의 역설Condorcet's paradox과 애로의 불가능성의 정리Arrow's impossibility theorem를 설명한다. 세 명의 주민 1, 2, 3이 있고, 어떤 곳에 도로를 건설할지에 관한 세 가지 프로젝트 A, B, C가 있다고 하자. 그리고 주민 1은

A>B>C, 주민 2는 B>C>A, 주민 3은 C>A>B의 순서로 프로젝트를 좋아한다고 가정하자. 이 경우 세 프로젝트 중 하나를 선택할 때, 어떤 순서로 질문을 던지느냐에 따라 다수결의 결과가 달라진다. 만약 'A와 B 중 어떤 것을 선택하겠는가'라고 질문하면 A를 선택한다. 이후 'A와 C 중 어떤 것을 선택하겠는가'라고 물으면 C를 선택한다. 순서를 바꿔서 'B와 C 중 어떤 것을 선택하겠는가'라고 묻고 선택한 것과 A 중 어느 것을 선택하겠는가라고 물으면 A를 선택한다. 비슷하게 'C와 A 중 어떤 것을 선택하겠는가'라고 묻고 선택한 것과 B 중 어느 것을 선택하겠는가라고 물으면 B를 선택한다. A는 B를 이기고, B는 C를 이기고, C는 A를 이기는 순환의 고리에 빠지게 된다. 여기서 보듯이 다수결을 통한 의사 결정이 완벽하지 않다는 것을 알 수 있다.

주가, 지가, 주택가 등 어떤 재화나 서비스의 가격이 상승하는 것도 다수결의 결과라고 생각할 수 있다. 단순하게 말한다면, 수요와 공급으로 결정한 가격이 상승하는 것은 현재의 가격이 적어도 그 순간적으로는 낮다고 생각하는 사람이 많다는 것이다. 다수는 많은 사람을 끌어당기는 힘이 있어 밴드왜건 현상이 나타나고, 점점 더 큰 다수를 형성한다. 이러한 현상은 필연적으로 거품을 만들고, 종국에는 네덜란드의 튤립 투기와 같은 결말을 맞는다. 이는 우리가 다수결을 조심해야 하는 이유이기도 하다.

과학의 법칙으로 고정관념을 깨라

왕춘용이 지은 《왜 부패한 정치가가 잘 나갈까》를 보면 다음과 같은 사고 전환의 예가 나와 있다. 0은 2보다 크고, 2는 5보다 크지만, 5는 0보다 크다. 이러한 경우가 있는가? 그냥 수학적으로만 생각하면 답이 나오지 않는다. 비유적으로 생각해야 답이 나온다. 이것은 '가위바위보'를 말하는 것이다. 이처럼 수학을 일상생활로, 일상생활을 수학으로 사고를 전환하여 고정관념을 깰 수 있다.

당신은 지구를 들 수 있는가? 물구나무를 서면 가능하다와 같은 수수께끼에 대한 답변이 아니면, 슈퍼맨도 아니고, 그리스 신화 속에서 지구를 들고 있는 아틀라스나 헤라클레스도 아닌 사람이 지구를 어떻게 드냐고 할 것이다. 하지만 '유레카'로 유명한 아르키메데스는 자신에게 설 수 있는 장소만 준다면 긴 지렛대와 받침목을 이용해서 지구를 들어 올릴 수 있다고 했다(그 장소까지의 거리를 계산하면 대략 900만 광년이 떨어진 곳이라고 한다). 고대 거석문화를 만들 때 이 지렛대의 원리를 이용했다고 여기며, 현재도 병따개에서부터 가위, 시소, 손수레 등 많은 곳에서 이 원리를 이용한다.

당신은 지구를 끌어당기고 있는가? 사과가 지구를 끌어당기고 지구가

판화, Mechanics Magazine, London, 1824

브레인 샤워

사과를 끌어당긴다는 만유인력의 법칙을 배워서 알면서도, 자신이 지구나 태양을 당긴다는 생각은 못하며 산다. 건물에서 떨어져 죽기 위해서라도 사람은 중력을 필요로 한다는 말을 어떤 만화책에서 읽었던 기억이 난다. 당신은 매일매일 과학 현상의 중심에 놓여 있다.

우리 몸은 화학 공장이다. 우리가 섭취하는 음식물과 호흡하는 공기 등을 이용해서 삶에 필요한 영양분을 만들고 에너지를 만든다. 학교에서 생물이나 화학 시간에 배운 여러 가지 공정들이 지금 이 순간에도 쉬지 않고 우리 몸에서 이루어진다는 생각을 하면 참 놀랍다.

역사적 유적, 유물 그리고 기록이나 작품을 볼 때도 신화가 아니라 과학적으로 생각해 보는 연습이 필요하다. 많은 사람이 이집트 피라미드, 영국 스톤헨지 등의 거석문화를 어떻게 만들었을까 하는 의문과 앞에서 언급한 지렛대의 원리를 기중기와 연결하여 생각한다. 역사적 사건들을 자신만의 과학적 상상력으로 풀어내는 사람들이 최고의 베스트셀러를 만든다. 말콤 글래드웰Malcolm Gladwell은《다윗과 골리앗》에서 다윗이 골리앗에게 승리할 수 있었던 요인들을 과학적으로 분석했다. 투석병投石兵인 다윗과 보병步兵인 골리앗의 싸움에서 투석병의 우위성, 골리앗이 가진 말단비대증에 따른 시력문제를 승리 요인으로 해석하여 제시했다. 필자는 이것에 요인 하나를 추가하고자 한다. 성경을 보면 블레셋에서 이스라엘의 대장장이들을 다 잡아갔다. 그래서 블레셋과 이스라엘 전쟁 초기에 이스라엘에는 사울 왕과 아들 요나단만 철병기를 가지고 있었다는 이야기가 나온다.

"때에 이스라엘 온 땅에 철공이 없어졌으니 이는 블레셋 사람이 말하기를 히브리 사람이 칼이나 창을 만들까 두렵다 하였음이라. 온 이스라엘 사람이 각기 보습이나 삽이나 도끼나 괭이를 벼리려면 블레셋 사람에게로 내려갔었는데, 곧 그들이 괭이나 삽이나 쇠스랑이나 도끼나 쇠채찍이 무딜 때에 그리하였으므로 싸우는 날에 사울과 요나단과 함께한 백성의 손에는 칼이나 창이 없고 오직 사울과 그의 아들 요나단에게만 있으니라(사무엘상 13:19-22)."

칼에 익숙하지 않은 다윗이 철기로 무장한 골리앗과 칼로 싸운다는 것은 말 그대로 무모한 일이었을 것이다.

《도화원기》에 나오는 무릉도원에 잠깐 다녀오니 바깥세상은 엄청난 세월이 흘렀다는 이야기를 들어 보았을 것이다. 옛날 한 나무꾼이 나무를 하러 깊은 산속에 들어갔다가 한 동굴을 발견했다. 동굴 안으로 한참을 들어가니 갑자기 밝아지고 새로운 세상이 보였고, 그 나무 그늘에서 두 백발노인이 바둑을 두고 있었다. 나무꾼은 옆에서 바둑을 보다가 돌아가야겠다고 생각하여 옆에 두었던 도낏자루를 집었다. 그랬더니 도낏자루가 썩어 부서져 잡을 수가 없었다. 이상하게 생각하고 마을로 내려오니 마을은 완전히 달라져 있었다. 한 노인을 만나 자기 이름을 대면서 아냐고 물어보자 노인은 "그분은 저의 증조부 어른이십니다"라고 대답하더라는 것이다. 이것이 신선놀음에 도낏자루 썩는 줄 모른다는 속담의 근원설화인 '선유후부가설화仙遊朽斧柯說話'의 내용이다.

사람은 우리가 어느 곳에 있던지, 어떤 사건이 발생하던지 관계없이 시간은 과거에서 현재, 현재에서 미래로 일정하게 흐르고 있다고, 즉 절대시간이 있다고 생각한다. 하지만 상대성이론에서는 다른 물리량과 마찬가지로 시간도 상대적인 양으로, 측정하는 기준계에 따라 달라진다. 쌍둥이 역설twin paradox은 특수상대성이론의 시간 지연 현상과 관련하여 만들어졌다.

스무 살의 쌍둥이 형과 동생이 있다. 형이 광속의 0.8배, v = 0.8c의 속도로 움직이는 우주선을 타고 10광년 떨어진 별에 다녀오고 동생은 지구에 남는다. 특수상대성이론에 따르면 형이 지구에 도착했을 때 지구의 시계는 25년이 흘러 쌍둥이 동생은 25살을 먹어 45세이지만, 우주선의 시계는 15년 밖에 흐르지 않아 형은 35세가 된다. 수학적 계산은 참고해설에서 확인해 보기 바란다.

최근 많은 영화가 좀 더 깊이 있는 과학 이론을 반영하여 만들어진다. 공상과학영화로 취급하는 영화도 미래의 어느 날에는 현실이 될 수 있다.

과학 법칙으로 우리의 고정관념을 깨뜨릴 때 단순하게 어떤 법칙을 생각의 작용으로 바꾸라는 것만을 의미하지 않는다. 먼저 과학을 깊이 있게 알아야 한다. 그리고 과학을 활용하여 누구나 그렇다고 생각하는 이론, 고정관념에 도전할 수 있는 데까지 나아가야 한다.

　누구나 자동차를 비롯한 탈것을 만들 때는 공기저항을 생각해서 탈것의 앞부분을 유선형으로 만들어야 한다고 생각한다. 그래서 과거 배를 만들 때 뱃머리를 유선형으로 만들었다. 뱃머리를 유선형으로 만들어야 배의 속도를 높이고 연료를 절약할 수 있다고 생각한 것이다. 하지만 그렇지 않다고 생각한 사람들이 있었다. 이 사람들은 배가 달릴 때는 공기저항에 비교도 안 되는 물의 저항, 특히 달릴 때 생기는 파도의 저항(조파저항)이 있다는 것을 알고 이를 줄이기 위한 방법을 뱃머리 설계에 반영했다. 배가 앞으로 나아가면 배는 새로운 파도를 만든다. 에너지 보존의 법칙을 생각하면 파도는 배가 전진하기 위해 사용해야 하는 에너지의 일부로 만들어진 것이다. 따라서 이 파도를 작게 만들면 그만큼 배가 빨리 달리거나 에너지를 절약할 수 있다는 생각에서 구球모양의 뱃머리, 즉 구상선수bulbous bow를 만들었다. 배의 앞부분은 파도의 높은 부분을 만들고, 물속에 잠긴 구는 파도의 낮은 부분을 만들기 때문에 두 개가 중첩되어 파도가 작아지는 원리를 이용했다. 구상선수는 미국 델라웨어호USS Delaware를 비롯한 군함에 사용되기 시작하여 이제는 많은 상선에도 활용된다. 오늘날에는 배의 특성에 따라 다양한 형태의 뱃머리를 활용한다.

경기를 부양하기 위해서 국가와 같은 경제 전체의 평균적인 화폐유통 속도를 계산하고 이를 경제정책, 특히 금융정책을 수립하는 데 활용한다. "돈이 돈다", "돈이 안 돈다"라는 말처럼 같은 양의 돈을 가지고서도 화폐유통속도가 빨라 돈이 잘 돌면 경기가 좋다는 것을, 돈이 잘 안 돌면 경기가 나쁘다는 것을 나타내기도 한다. 여기서 화폐유통속도는 그 시점에서 총 명목 거래액을 경제 내의 총통화량으로 나누어 계산한다. 용어상으로는 크기와 방향을 가진 벡터량인 속도이지만, 실질적으로는 크기만 있는 스칼라량인 평균속력의 개념을 활용한다. 속도전을 하자와 같이 많은 일상생활에서 속도를 속력이라는 개념으로 사용한다. 경제 분석을 할 때도 수학의 벡터 개념을 제대로 활용해 크기와 방향을 함께 고려하면 새로운 분석이 가능하다. 예를 들어, 국민경제를 다루는 거시경제학에서 소득은 소비와 저축의 합으로 계산한다.

$$소득(I) = 소비(C) + 저축(S) = 저축(S) + 소비(C)$$

당연하게 생각할 수 있지만 개별 가계의 입장에서 생각해 보면 순서에 따라 정반대가 될 수도 있다. 어떤 가계는 소득 중에서 소비하고 남으면 저축하고, 어떤 가계는 소득 중에서 저축하고 남으면 소비한다. 우리나라의 1960년대와 2010년대를 비교해 보면, 1960년대에는 먼저 저축하는 사람의 비율이 상대적으로 높았지만, 2010년대에는 먼저 소비하는 사람의 비율이 상대적으로 높다. 시대에 따라 두 유형의 비율이 달라지는 것이다. 또한, 소득을 소비와 저축으로 전환하는 속도도 가계와 시대에 따라 차이가 난다. 가계가 처한 경제적 환경, 가계가 가진 경제적 지식 등에 따라 가계의 소득을 소비와 저축으로 배분하는 속도가 달라지고, 시대에 따라 교통 통신의 발달, 카드 사용, 신용창조 방법의 변화 등으로 소득분배 속도가 달라진다. 이처럼 단순히 소득이 어떻게 구성되는지가 아니라 어떤 순서로 소득을 사용하는지, 어떤 속도로 소득을 사용하는지 등이 경제정책을 세우는 데 중요하다.

브레인 샤워

상식이 된 거짓을 알아채라

계사년 2013년 뱀의 해를 맞이해 1월 1일 자 〈중앙일보〉에서 살모사에 관한 오해가 실렸다. 살모사殺母蛇는 '죽일 살殺, 어미 모母, 뱀 사蛇'로 어미를 잡아먹는 뱀'이란 뜻이지만 실제로는 그렇지 않다는 것이다. 살모사는 다른 뱀들과 달리 난태생卵胎生이기 때문에 새끼가 어미 배 속에서 부화한 다음 나오는데, 새끼를 낳고 지쳐 쓰러진 어미 뱀을 보고 새끼가 어미를 죽이는 것으로 오해해서 살모사라는 이름을 붙인 것이다. 이 이야기는 사람들이 타조는 미련해서 위기가 닥치면 머리를 모래에 처박아 자기만 보지 않으면 안전하다 생각한다고 오해하는 것과 비슷하다. 타조는 위험한 상황에 처하면 둥지를 감추기 위해 둥지 위에 엎드리는데, 이것을 타조가 머리를 모래 속에 처박는다고 생각하는 것이다.

뇌경색腦梗塞이라는 병이 있다. 뇌경색에 걸리면 피떡(혈전) 등으로 뇌의 혈관이 막혀 뇌에 산소와 영양분을 전달하는 피가 통하지 않는다. 그런데 많은 사람이 뇌경색을 뇌가 딱딱해지는 병이라고 생각한다. 사람들은 '경'자를 '굳을 경硬'으로 생각해서 뇌경색을 뇌가 딱딱해져 죽는 병이라고 이야기한다. 하지만 '경'은 '막힐 경梗'으로 경색梗塞이라는 말은 딱딱해진다는 뜻이 아니라 막힌다는 뜻이다.

"일찍 자고 일찍 일어나면 건강하고 부유하고 현명해진다"라는 벤저민 프랭클린의 격언이 있다. 많은 사람이 이 격언을 옳은 것으로 받아들이고 자녀에게 그렇게 하라고 가르친다. 그러나 이의 진위를 데이터로 확인한 사람이 있다.《디드로 딜레마》를 보면, 영국 사우샘프턴 병원의 크리스토퍼 마틴 박사는 '아침형' 인간이 더 건강하거나 지능이 높다는 결과를 확인하지 못하고, 오히려 '저녁형' 인간이 조금 경제적으로 낫다는 것을 확인했다. 마틴 박사는 지금과 같은 조명이 없던 옛날 낮 시간을 잘 활용하라는 의미에서 이런 격언이 유래했다고 생각했다. 이처럼 시대 변화에 따라 속담이나 격언과 같은 것도 그 진위와 효용성이 달라진다.

과거 천재들에 대한 생각에도 잘못된 것이 많다. 모차르트가 음악에 천재인 것은 맞다. 하지만 모차르트가 쓴 과장된 편지와 천재에 대한 편견으로 말미암아 많은 사람이 믿는 것처럼, 모차르트는 머릿속에서 완벽하게 곡을 만들고 그냥 종이에 옮긴 식으로 작곡하지는 못했다. 모차르트가 남긴 많은 악보가 알려 주고 많은 학자가 연구로 확인한 바와 같이 모차르트도 다른 작곡가들과 비슷하게 짧은 악곡들을 오랫동안 묵혔다가 고치고, 끊임없이 수정하는 방법으로 작곡했다. 하지만 사람들은 여전히 모차르트가 작곡의 천재성을 가지고 일필휘지하는 식으로 작곡했다고 믿는다.

일부러 잘못된 사실을 사람들에게 믿게 하는 경우도 많다. 한마디로 이야기하면 세뇌이지만, 생각이 없거나 모든 것을 확인할 수 없는 보통 사람은 그러한 거짓 정보를 믿고 평생을 산다. 가장 대표적으로 소크라테스가 "악법도 법이다"라고 말했다는 것이다. 과거 군사독재 시절, 국가가 제정한 법은 어떠한 경우에라도 지켜야 한다며 반정부 시위를 못 하게 했다. 그리고 국가는 시민 불복종 운동을 비판하기 위해서 4대 성인 중한 사람인 소크라테스도 "악법도 법이다"라고 하며 순순히 사형을 당했다고 사회 교과서 등으로 국민을 교육했다. 2004년 11월 7일에 헌법재판소가 초, 중, 고교 교과서에서 헌법에 잘못 기술한 부분을 찾아내 교육부에 수정을 요청하면서 이 사례를 준법정신 강조를 위한 사례로 바람직하지 않다고 지적했다. 《소크라테스는 악법도 법이라고 말하지 않았다》와 같은 책들이 출간되었어도 여전히 그렇게 믿는 사람이 많다. 교육으로 한번 세뇌된 생각을 나중에 씻어 내는 것이 얼마나 어려운가를 잘 보여 준다. 잘못 입력된 정보를 바꾸기는 쉽지 않다. 개인적으로 잘못 생각하거나 기억하는 것도, 집단으로 그렇게 받아들이는 것도 바꾸기 쉽지 않다. 요즘처럼 정보가 홍수인 시대에는 어느 것이 옳은 정보이고, 어느 것이 잘못된 정보인지를 파악하여 받아들이는 것이 더 중요해졌다.

노벨상 수상은 진리?

과학계에서 가장 권위가 있는 상이 노벨상이다. 노벨상 수상자의 연구 결과에 관해서 의문을 제기하기 어렵다. 하지만 노벨상 수상자의 연구 결과, 더 좁혀서 노벨상을 받은 연구 결과들은 다 사실일까? 실제로는 그렇지 않은 결과도 많다.

노벨 위원회는 노벨상의 기준에 충족하는 후보가 없다는 이유로 1926년도 노벨 생리의학상 수상자를 선정하지 않고, 다음 해인 1927년에 1926년 수상자를 선정했다. 이에 따라 선정된 1926년 노벨 생리학상 수상자가 덴마크의 병리학자 요하네스 피비게르Johannes Fibiger이다. 피비게르는 쥐의 기생충spiroptera carcinoma이 암을 일으킨다는 실험 연구로 노벨상을 받았으나, 후에 잘못된 사실이라는 것이 밝혀졌다.

세베로 오초아Severo Ochoa(1905~1993)와 아서 콘버그Arthur Kornberg

브레인 샤워

(1918~2007)는 각각 RNA를 합성하는 효소와 DNA를 합성하는 효소를 발견한 공로로 1959년 노벨 생리의학상을 공동으로 받았다. 하지만 뒤에 이 두 사람의 업적에 대한 문제가 제기되었다. 오초아가 발견한 RNA 합성 효소는 RNA 합성보다 RNA 분해 기능이 훨씬 강한 효소로, 오초아는 특수한 조건에서 일어나는 RNA 합성 기능을 발견한 것이다. 콘버그가 발견한 DNA 합성 효소는 반응속도가 느려서 DNA 복제 기능이 있음에도 세포 내에서 DNA 복제에 사용되지는 않는다. 아들 토마스 콘버그Thomas B. Kornberg가 DNA 복제에 사용되는 DNA 중합효소polymerase III을 발견했고, 아버지가 발견한 DNA 중합효소 I은 수정repair하는 역할을 하는 것이라고 바로잡았다. 흥미롭게도 또 다른 아들 로저 콘버그Roger D. Kornberg는 오초아의 연구를 발전시키고 덧붙여 세포 안에 핵이 있는 진핵세포 생물의 DNA에서 RNA가 합성되는 전사 과정을 엑스선 결정학을 이용해 원자 단위까지 규명했다. 그래서 그 공로로 2006년 노벨 화학상을 받았다. 로저 콘버그는 2007년 건국대학교 석학 교수로 임명되어 활동하기도 했다.

비타민C 신봉자로 유명하고 노벨 화학상(1954년)과 노벨 평화상(1963년)을 받은 라이너스 폴링은 1953년 2월 DNA가 3중 나선이라는 논문 '핵산의 구조Structure of Nucleic Acids'를 과학 전문지 〈네이처〉에 발표했다. 하지만 불과 2달 후 왓슨J. D. Watson과 크릭F. H. C. Crick은 〈네이처〉에 DNA가 이중나선이라는 논문 '핵산의 분자구조Molecular Structure of Nucleic Acids'를 발표했다. 잘 알려진 바와 같이 왓슨과 크릭은 이 연구 결과로 노벨 생리의학상(1962년)을 받았다. 폴링은 자신의 논문이 틀렸다는 것이 밝혀진 이듬해인 1954년 다른 연구 결과로 노벨 화학상을 받았다.

한국인에게 상식이지만 앞으로 어떻게 결론이 날지 모르는 논란을 하나 소개하고자 한다. 현재 국사학계의 통설은 고추가 임진왜란 때 일본에서 조선으로 들어왔다는 것이다. 교과서에도 나오고 국가시험에도 이것이 정답으로 채점이 된다. 하지만 이것이 사실일까?

고추가 일본에서 들어왔다고 주장한 학자는 고 이성우 한양대 교수이다. 이수광의 《지봉유설(1613)》에서 남만초를 "일본에서 건너온 왜개자에는 독이 있다"라고 기록한 것과 일제 강점기 최남선이 《고사통故事通(1943)》에서 고추가 일본에서 들어왔다고 최초로 주장한 것을 근거로 이성우는 이 왜개자를 고추라고 본 것이다. 1978년 이성우 교수는 페루가 원산지인 고추가 콜럼버스 시대 이후 무역으로 일본에 들어온 다음 조선으로 전해졌다고 주장했다.

한국식품연구원의 권대영 박사와 한국학중앙연구원의 정경란 박사는 여러 가지 문헌 기록으로 고추가 임진왜란 이전에도 한국에 존재했다고 주장한다. 권대영 박사 등은 《고추이야기(2011)》에서 왜개자는 외래종 남만초라고 반박한다. 임진왜란 이전에 국내에 고추가 있었다는 주장으로 《구급간이방救急簡易方(성종 18, 1487)》에서 한자 椒초에 한글로

'고쵸'라고 하고, 《훈몽자회訓蒙字會(1527)》에도 고추가 고쵸초椒라고 명시되어 있다고 한다. 고추장도 중국에서 발간된 《식의심감食醫心鑑(850)》부터 국내에도 《향약집성방鄕藥集成方(1433)》과 《식료찬요食療纂要(1460)》에 고추장椒醬이라는 표현이 있다고 한다. '순창 고추장淳昌椒醬'이 전국에 유명하다'라는 표현이 1670년대 이후 문헌에서 나오므로 초장은 고추장임에 이의가 없다고 주장했다. 또한 일본 문헌에는 가토 기요마사가 고추를 조선에서 일본으로 들여왔다는 기록이 있다고 한다.

과거의 주장이 아니라 현재 주어진 사료와 자연과학적 증거로 제로베이스에서 논의하면 고추가 임진왜란 때 일본에서 들어온 것이라고 결론을 내기 어렵다고 생각한다. 말하자면 이것은 뒤에서 살펴볼 블랙스완과 같은 이야기여서 임진왜란 때 고추가 일본에서 조선으로 들어왔다는 학설을 유지하기 어려울 것이라고 생각한다. 이 분야의 비전문가인 필자가 어느 한 주장에 가담해 그것을 지지하려고 이 논쟁을 소개하는 것은 아니다. 다만, 고정관념에서 벗어나려는 노력과 기존의 통설을 깨기 어려운 사례를 보여 주기 위해 이 논쟁을 소개한다. 독자의 이해를 위해 권대영 박사의 허락을 받고 〈농업인신문〉에 실렸던 기고문을 싣는다.

고추는 일본에서 오지 않았다

- 권대영 한국식품연구원 미래전략기술연구본부장

선종하신 김수환 추기경님에 대한 추모열기가 온 나라에 물결칠 때(2
월 19일), "우리나라 고추가 임진왜란 때 일본으로 들어온 것이 아니라,
우리나라 백성들은 임진왜란 발발 훨씬 전부터 고추를 재배하여왔
고, 고추를 이용하여 고추장 등을 제조하여 먹어왔다"라는 내용이 주
요 일간지와 농업인신문(2월 23일자)에 보도된 적이 있다.

필자가 고추의 전래에 대하여 관심을 갖고 연구하기 시작한 것은 상
당히 오래된다. 필자는 고추장으로 유명한 순창에서 태어났다. 어렸
을 때 선친을 따라 땔감을 하러 다녔다. 땔감을 하러 작은 절에 갈 때
아버지께서는 '태조 이성계가 등극하기 전에 무학대사와 함께 이 절
에 와서 고추장을 먹고 하도 맛이 있어서 조선을 세운 뒤 진상하라 하
여 드셨다'라는 말을 들려주시곤 하셨다.

어렸을 때 이런 이야기를 듣고 자란 필자에게는 고추의 일본전래설
에 관심을 많이 가질 수밖에 없었다. 사실 필자에게는 일본전래설에
대한 의문점들이 많았다. 일본에는 고추로 만든 음식이 없는 데 임진
왜란 때 고추를 무슨 이유로 우리나라로 갖고 들어 왔을까? 유럽에서
중남미 고추인 아히aji가 들어 왔다면 토마토, 타바코담배 등과 같이
적어도 아히 아니면 피망piment과 같은 유럽식 이름의 흔적이라도 있
어야 하는 데, 오히려 당초, 번초, 만초 등 순전히 중국식 이름이 왜 부
쳐졌을까? 등 수 많은 의문이 풀리지 않았다.

1980년대 말 당시 학력고사문제 중에서 조선초기 시대의 생활상과
맞지 않은 것으로 '고추를 앞마당에서 말리고 있다' 항을 고르도록
하는 내용이 출제되었다. 그 때 나는 학생들은 고추의 임진왜란 때 일

본전래설만을 배울 수밖에 없겠구나 생각하고, 빨리 진실을 밝히지 않으면 무비판적으로 영영 굳어질 수밖에 없겠구나 하는 위기감을 느끼었다.

결정적으로 1990년 일본을 처음 방문하였을 당시 일본 '식품원료학'이라는 책에서 고추는 조선으로부터 가토기요마사가 가지고 들어왔다는 내용을 접하고 나서 고추의 일본전래설에 문제가 있다는 확신을 갖고 그 후부터 본격적으로 고추의 전래에 대하여 조사를 시작하였다. 그런 상태로 몇 년이 흘러갔을 때 고추의 역사를 밝힐 수 있는 든든한 동역자를 만났다. 다름 아닌 한국학을 전공한 아내였다. 정말로 몇 년 동안 고추에 대하여 아내와 밤낮으로 토론하고 수백편의 고문헌을 같이 분석하였다. 수십종의 고추와 수백편의 고문헌을 과학적으로 분석한 결과 이같은 결론에 도달한 것이다.

결과 발표이후 몇몇 네티즌 사이에서 본인의 의도와는 전혀 다른 상황, 즉 친일 극복의 시각으로 본 연구결과를 해석하려는 상황이 전개되는 것을 보고 당황하였다. 결론적으로 필자는 민족주의자도 아니고, 역사학자도 아니다. 다만 과학적인 사실에 근거하여 진실을 이야기하는 자연과학자이다. 따라서 역사적인 자료를 과학적으로 분석하여 고추의 일본전래설을 뒤집을 수 있는 근거를 제시한 것이다. 일본에서 고추가 들어왔다는 주장을 너무 매도하지는 말자. 이런 문제는 이념이 아니라 과학적으로 풀어야 한다. 이제는 문화와 역사도 과학이다.

- 권대영, "고추는 일본에서 오지 않았다", 《농업인신문》, 2009년 07월 03일 자

나는 아버지보다 친구와 더 닮았다

부전자전父傳子傳이라는 말이 있다. 많은 사람이 아버지와 아들이 외모나 버릇은 물론 성격이나 지식까지 닮는다는 것을 당연하게 받아들인다. 실제 나는 내 친한 친구보다 아버지와 더 닮았는가?

닮았다는 것을 어떻게 정의하느냐에 따라 이 대답은 달라진다. 유전자의 유사성이라고 하면 당연히 나는 내 친구보다 내 아버지를 더 닮았다. 하지만 키는? 몸무게는? 취미는? 지식은? 교양은? 능력은? 어떤 질문을 해도 나와 같은 학교에 다니고 같은 시대를 살며 함께 자라는 또래 친구가 내 아버지보다 나와 더 비슷하다. 예를 들어 키를 생각해 보면 아버지의 키는 멈춘 시계와 같아서 나와 아버지가 태어나서 죽을 때까지 키가 같게 되는 것은 있어도 그것은 한순간이고 보통은 많은 차이가 있다. 하지만 나와 내 친구는 자라면서 앞서거니 뒤서거니 비슷한 키를 가지고 산다. 지식이나 먹는 것과 같은 문화 수준 등을 볼 때 나와 내 5대 조상과의 차이가 지금 뉴욕에 사는 미국인과의 차이보다 크다는 말까지 나온다.

사람이 가장 컸을 때의 키만을 생각해도 그렇다. 통계학의 회귀분석에서 처음으로 사용된 자료가 부모의 키와 자녀의 키의 비교였다. 회귀는 사전적 의미로 옛날 상태로 돌아가는 것이다. 영국 유전학자 프랜시스 골턴Francis Galton(1822~1911)은 부모의 키와 자녀의 키 사이의 관계를 조사했다. 조사 결과, 부모의 키가 크면 자녀의 키도 크고 부모의 키가 작으면 자녀의 키도 작은 것처럼 부모의 키와 자녀의 키 사이에는 선형적인 관계가 있다는 것을 발견했다. 또한, 키가 아주 커지거나 아주 작아지는 것보다는 전체 평균 키로 돌아가려는 경향이 있다는 것을 발견했다.

이러한 경험적 발견을 수학적으로 모형화한 것을 "회귀분석"이라고 한다. 아버지의 키와 아들의 키 사이에 비례관계가 있으나(닮았으나), 전체 평균 키에 가까이 가려는 경향이 있다는 측면에서 친구와 닮는다. 1914년에서 2014년까지 100년 동안 한국 남자의 평균 키가 159.8센티미터에서 174.9센티미터로, 여자의 평균 키는 142.2센티미터에서

162.3센티미터로 커졌다. 평균 기대수명은 더 극적으로 변화하고 있다. 키나 수명에서 아버지보다 친구와 닮을 확률이 더 높아 보이지 않는가?

키나 몸무게와 같은 신체적 특징은 물론 지능이나 정서적인 측면과 관련해서도 유전으로 개인차가 있다는 것을 인정한다. 하지만 이러한 개인차가 사회화 과정을 겪은 집단에 따른 차이, 나이에 따른 세대간의 차이보다 크다고 할 수 있을까 하는 의문을 가질 수 있다. 사람에게서 피부색과 같은 유전적, 생물학적 차이와 경험이나 지식, 문화의 차이 중에 무엇이 더 크게 작용하는 것인가?

우리나라의 정치, 특히 선거에서 지역감정이 문제가 되는 경우가 많다. 세대의 변화에 따라 조금씩 이 문제가 나아지고 있지만 아직까지도 완전히 해결된 문제는 아니다. 요즘 조물주 위에 건물주가 있다는 말이 있다. 같은 영남에 산다고 도시에서 건물주로 사는 사람과 농촌에서 농민으로 사는 사람, 경찰, 교수, 소방관 등의 특정 직업을 가진 사람의 삶이 비슷하지 않다. 차라리 영남의 건물주와 호남의 건물주, 영남의 농민과 호남의 농민, 영남의 경찰과 호남의 경찰, 영남의 교수와 호남의 교수, 영남의 소방관과 호남의 소방관의 삶이 유사하다. 그런데도 우리는 같은 지역에 있는 사람이 더 닮았다는 생각을 하고 산다. 가까이 살고 비슷한 말투를 사용한다는 것 말고 얼마나 큰 유사성을 가지고 있는지 모르겠다. 계급 투표를 하라는 말이 아니다. 단지 지

역이라는 문제가 우리를 얼마나 동일하게 묶을 수 있는지 한 번 생각
해 보자는 것이다.

예외를 일반화하지 말라

05

많은 병사를 가진 군대와 적은 병사를 가진 군대가 싸우면 누가 이기겠는가? 군대를 이끄는 장군과 양을 치던 목동이 싸우면 누가 이기겠는가? "전력은 화력 차이의 제곱과 비례한다"라는 란체스터 법칙Lanchester's law과 같이 전쟁의 승리를 숫자로 예측하는 것이 상식적이다. 하지만 역사에는 상식적인 대답에 부합하지 않는 많은 결과가 있다. 13척과 133여 척이 싸운 명량해전과 다윗과 골리앗의 대결처럼 우리의 기억에 각인된 사례가 많다. 이러한 예외를 기억할 때는 골리앗에게 죽은 더 많은 보통 사람은 역사에 기록되지 않거나 수백분의 일로 압축되어 기록된 것도 알아야 한다. 또한 많은 침략군에 대항 한 번 하지 못하고 함락 당한 수많은 도시와 성을 기억해야 한다.

우스갯소리로 개가 사람을 문 사건은 신문에 나오지 않아도 사람이 개를 문 사건은 신문에 나온다는 말이 있다. 오늘날에도 당연한 일보다 는 특이한 일이 신문이나 방송에 나오는 것처럼 역사 속의 사건도 뉴스 가치가 있는 것들 위주로 기록되는 것이 상식적이다. 그리고 그것도 실 제보다 부풀려졌을 가능성이 크다.

'체리 피킹cherry picking'이라는 용어가 있다. 일반적으로 자기주장을 입 증해 주는 자료나 사례만을 선택하고, 그에 반하는 것은 무시하거나 숨 기는 편향적 태도를 의미한다. 과수원에서 체리와 같은 과일을 수확할 때 잘 익고 좋은 것만 수확하여 판매하고, 덜 익은 것은 남겨 두고 나 쁜 것은 버리거나 자기 집에서 소비하기 때문에, 소비자가 그 과수원에 서 나오는 과일은 다 좋은 것으로 판단하는 현상에서 유래했다. 체리 피킹은 증거 억제suppressing evidence, 불완전 증거의 모순fallacy of incomplete evidence 또는 아전인수 편향myside bias이라고도 하며 확증 편향의 대표적 사례이다. 제대로 훈련받지 못한 과학자들이 내놓는 실험 결과나 결론 이 이러한 체리 피킹의 결과일 때가 많고, 토론이나 논쟁을 할 때 토론 자나 논객이 빠지기 쉬운 함정이기도 하다.

실험과학이나 사회과학의 경우, 어떤 문제를 인식하면 가설을 설정하고 그 가설을 실험이나 통계자료 등으로 입증하는 방법론을 많이 활용한다. 이때, 실험이나 통계적 가설검증 등에서 변인 통제나 유의수준 설정과 같이 과학 방법론의 한계를 알아야 한다. 한계를 모르고 그 방법론을 사용하면 결과를 일반화하는 실수를 한다. 귀납법은 경험이나 실험과 같이 구체적이고 개별적인 사실로부터 일반 원리를 끌어내는 방법이다. 따라서 귀납적 추리는 일반 원리가 아니라 사실적 지식을 확장한다는 장점이 있다. 그러나 경험이나 실험으로 특수한 사례를 일반화하는 귀납적 비약을 하기 때문에 수학적 귀납법과 같은 완전 귀납법을 제외하고는 전제가 결론에 이르는 필연성이 없을 수 있다. 따라서 귀납법으로 도출한 결론은 어느 정도의 개연성이 있는 명제나 가설로 여기는 것이 논리적이다. 하지만 많은 경우에 내가 겪은 몇 번 안 되는 경험을 진리인 것처럼 일반화하는 실수를 범한다.

동전의 양면처럼 예외를 일반화하는 것도 문제이지만 예외를 무시하는 것도 문제이다. 예외가 없다는 말은 삼가라. 자기가 모른다고 해서 없다고는 하지 말라는 것이다. 이런 예외적 현상으로 블랙 스완black swan을 많이 이야기한다. 한국어로는 Swan을 백조(하얀새)라고 번역하고 있어서 블랙 스완은 모순형용처럼 보이지만, Swan에는 양sheep처럼 아무런 색깔 개념을 내재하지 않는다. 영국 경험주의 철학자 데이비드 흄David Hume은 하얀-검은 스완 사례를 사용했다. 아무리 많은 하얀 스완을 봤다고 하더라도 다음번에 검은 스완을 볼 수 있는 가능성

브레인 샤워

이 얼마든지 있다. 금융시장에서 블랙 스완은 시장을 뒤흔들 수 있는 예상하지 못한 큰 사건을 말한다. 최근에는 주식시장의 예측과 관련해서 블랙 스완 이론을 많이 사용한다. 주식에서도 그렇지만 일상생활에서도 과거의 경험으로 쌓은 상식들이 한순간에 무너질 수 있다는 것을 기억해야 한다.

뜨거운 물과 차가운 물을 동시에 얼리면 차가운 물이 먼저 어는 것이 당연하다고 생각할 것이다. 하지만 그렇지 않은 경우가 있다. 음펨바 효과Mpemba effect는 어떤 상황에서 고온의 물이 저온의 물보다 더 빨리 어는 현상을 말하는 것으로, 음펨바는 1963년 이 현상을 발견한 탄자니아 중학생의 이름이다. 아리스토텔레스, 데카르트 등을 거쳐 오랫동안 수수께끼였던 이 현상의 원인을 2013년 난양공대 연구진은 물의 수소결합이 에너지를 저장했다가 방출하는 과정에 관여하는 것으로 설명했다. 세상에는 내가 모르는 이상한(?) 일이 너무나 많다.

정부가 정책을 세우거나 정치권에서 공약을 제시할 때 미국 사례, 일본 사례 등 외국 사례를 들면서 우리도 그렇게 하자는 주장을 많이 한다. 이때 예외를 일반화하는 오류를 범할 우려가 있다. 미국에서 시행한다고 좋은 제도라는 증거가 되는가? 미국에서는 그 제도에 대한 평가가 어떤가? 그 제도를 그만두고 싶은데 그러지 못하는 것은 아닌가? 얼마나 많은 나라에서 그 제도를 시행하는가? 그 제도를 시행하지 않는 나라는 어떤 이유에서 시행하지 않는가? 등등 수많은 질문을 할 수 있다.

여기서는 주로 어떤 경험이나 개념을 넓은 범위로 확장하여 일반화하는 과대 일반화(과잉 일반화)의 위험성을 말했지만, 거꾸로 어떤 경험이나 개념을 너무 좁은 범위로 일반화하는 과소 일반화도 있다. '성급한 일반화'와 마찬가지로 '나태한 일반화'도 문제이다. 일반화를 추구하는 노력이 필요하고, 일반화의 예외가 발생하면 이를 무시하지 말고 다시 일반화해야 한다. 반대 증거가 나왔을 때 대응이 중요하다. 이것이 뒤에서 살펴볼 베이즈 확률의 문제이다.

틀과
기준이
중요하다

고등학교 수학에서 수학적 귀납법을 배운다. 수학적 귀납법도 귀납법의 일종이기 때문에 개별적 사실에서 일반적 원리를 도출해 내는 것이다. 자연수 n에 관한 명제 P(n)가 n=1일 때 참이라는 것을 보이고, n=k일 때 참이라고 가정한 후, n=k+1일 때도 참임을 보인다. 그러면 그 명제가 모든 자연수 n에 대하여 성립한다. 예를 들어, n이 자연수일 때 등식 $1+3+5+\cdots+(2n-1)=n^2$ …①이 성립함을 수학적 귀납법으로 증명해 보자.

먼저, n=1일 때 ①의 좌변과 우변이 모두 1이어서 등식 ①은 성립한다. 다음, n=k일 때 등식 ①이 성립한다고 가정하면, $1+3+5+\cdots+(2k-1)=k^2$이 된다. n=k+1일 때 성립하는 것을 보이기 위해 위 식의 양변에 $2k+1$을 더하면, $1+3+5+\cdots+(2k-1)+(2k+1)=k^2+(2k+1)$이 된다.

이 식의 양변을 정리하면, $1+3+5+\cdots+(2k-1)+(2(k+1)-1)=(k+1)^2$이 되어, ①식에 n=k+1을 대입한 것과 같다. 즉, n=k일 때 성립한다고 가정하면 n=k+1일 때도 성립한다.

수학, 자연과학, 공학은 물론 경제학 등의 사회과학에서 실험이나 논리적인 문제를 풀 때 가장 중요하게 점검해야 하는 조건 세 가지가 있다. 먼저, 수학적 귀납법에서 n=1일 때와 같은 초기 조건이다. 출발선을 확인하는 것과 같다. 물체의 운동과 관련해서는 시작점이 정지 상태인지, 등속운동 상태인지, 가속운동 상태인지와 같은 초기 조건을 생각해야 한다.

다음은 상태 내에서의 변수 간의 관계이다. 위의 수학적 귀납법에서 P(k), P(k+1)과 같이 영역 내에서의 관계 조건이다. 물리학에서 $\vec{F}=m\vec{a}$, 화학에서 PV=nRT, 경제학에서 $\sum_{i=1}^{n}(P_i)(D_i-S_i)\equiv0$과 같은 공식들이다. 마지막으로 속도가 빛의 속도에 가깝게 가거나, 고체에서 액체로 변하는 것처럼 물체의 상태가 바뀌거나, 한 나라에서 다른 나라로 국경을 넘어가는 것과 같은 경계 조건을 잘 살펴야 한다. 한 나라에서의 상식이 다른 나라에서는 비상식인 경우가 많다.

상금 10,000원을 놓고 A, B 두 사람이 참가하는 경매가 있다. 경매는 100원 단위로 현금함에 돈을 넣어야 진행되며, 상대방보다 100원이라도 많이 넣어야 승자가 될 수 있다. 경매는 둘 중 한 사람이 포기할 때까지 계속되고 상금 10,000원은 승자가 갖지만 그때까지 계속 두 사람이 현금함에 집어넣는 돈은 경매 주최자에게 돌아간다. 당신이라면 어떻게 할 것인가? A가 100원을 넣고 경매를 시작하면, B는 200원을 넣고 승자가 되고자 한다. A의 100원과 B의 200원은 이미 매몰비용이므로 A는 승자가 되고 싶어 다시 300원을 넣고, B는 400원으로 응수한다. 이런 방식으로 계속하면 A가 9,900원을 베팅하고 10,000원을 가져갈 때까지 경매는 계속된다. A가 9,900원을 베팅하면 B는 10,000원으로 베팅하거나 하지 않거나 차이가 없지만 A가 추가로 손해를 보면서 10,100원을 베팅할 위험이 있으니 B는 더 이상 베팅하지 않는다고 할 수 있다. 이렇게 되면 A는 현금함에 250,000원을 집어넣고 10,000원을 가져가 240,000원을 손해 보았고, B는 245,000원을 현금함에 집어넣고 얻은 것이 없다. 이러한 경매는 시작을 안 하는 것이 상책이다. 경매 주최자만 돈을 번다.

땅바닥에 선을 그어 놓고 동전이나 구슬을 던져 선을 넘기지 않은 사람 중에 선에 더 가까이 던진 사람이 이기는 놀이가 있다. 프로그램 〈1박2일〉에도 나온 것처럼 병뚜껑이나 동전을 손끝으로 쳐서 탁자 끝에 가까이 위치하게 하는 사람이 이기는 경기도 마찬가지이다. 탁자 밖으로 떨어져도, 선을 넘어가도 끝이다. 이와는 반대로 골프에서 퍼팅은 '네버 업, 네버 인'이라는 골프 격언처럼 홀컵을 지나가야 들어간다. 《논어》의 〈선진편〉에 나오는 과유불급過猶不及, 즉 "지나친 것은 모자람만 못하다"라는 것이 적용되지 않는다. 이렇듯 어떤 행동을 평가하는 기준에 따라 달라진다. 우리나라에서 예의 바른 행동이 일본에서는 예의 바르지 않을 수도 있고, 그 반대도 가능하다. 따라서 애초에 문화나 기준을 잘 만드는 것이 중요하다.

기준이 잘못 설정되면 어떤 결과를 초래하는지를 잘 보여 주는 대표적인 사례가 '적기 조례Red Flag Act'이다. 산업혁명을 거친 영국에서는 1826년 최초로 실용화된 증기자동차가 등장했고, 이에 맞춰 영국은 세계 최초의 교통법을 만들었다. 이 법은 몇 차례 개정되었는데, 특히 1865년의 법률을 '적기 조례'라는 이름으로 부른다. 한마디로 말해 자동차로 마부들이 실직할 수 있으니 자동차를 말보다 빨리 갈 수 없도록 한 것이다. 이 법은 자동차의 보급 확대에 대한 마차업자들의 반발을 무마하기 위해 이미 시속 30킬로미터를 넘어선 자동차의 최고 속도를 교외에서는 시속 6.4킬로미터(4마일), 시내에서는 시속 3.2킬로미터(2마일)로 제한했다. 그리고 자동차가 달릴 때 기수旗手가 낮에는 붉은 깃발, 밤에는 붉은 등을 갖고 자동차 50미터(60야드) 앞에서 달리며 자동차를 선도하도록 했다. 시대에 뒤떨어진 기준으로 영국의 자동차 산업은 크게 뒤쳐졌다. 1896년까지 31년이나 지속된 이 조례는 영국의 자동차 산업을 후발국인 프랑스, 독일, 미국에 크게 뒤처지게 했다.

어느 쪽 통행이 과학적인가?

필자는 초등학교 시절 "차들은 오른쪽 길 사람들은 왼쪽 길, 맘 놓고 길을 가자 새 나라의 새 거리~"로 시작하는 〈길 가는 노래〉를 많이 불렀다. 과거, 필자뿐만 아니라 대한민국 국민에게 '좌측통행'이 도로에서의 행동 표준이었다. 우리나라는 1905년 대한제국 시절, 사람과 차량의 우측통행을 원칙으로 규정했다가 일제 강점기에 일본을 따라 좌측통행을 원칙으로 변경했다. 이후 미군정시대에 미국을 따라 차량의 우측통행을 복원했지만, 사람의 통행 방식은 따로 바뀌지 않았다. 대한민국의 도로교통법에서도 그대로 차량의 우측통행만을 규정하다가 2010년 도로교통법 개정으로 보행자의 우측통행 원칙 조항을 넣었다. 세계적으로 보면 3분의 2정도의 인구가 우측통행을 하고, 3분의 1정도의 인구가 좌측통행을 한다. 우리나라는 그동안 차를 타고는 우측통행, 걸어서는 좌측통행을 하던 이상한 제도에서 벗어나 완전히 우측통행을 하는 국가에 포함되었다. 하지만 이 이상한 제도의 잔재가 오늘날까지 많이 남아 있다. 도로는 우측통행, 철도는 좌측통행, 지하철 1호선은 좌측통행, 지하철 4호선은 서울도시철도공사가 관리하는 지역의 우측통행과 코레일이 관리하는 지역의 좌측통행, 다른 지하철은 우측통행 등과 같이 우습고 혼란스러운 교통체계를 운영한다. 어느 쪽으

로 통행하는 것이 더 과학적이라고 평가할 수는 없지만 사회 시스템을 어떤 하나의 원리나 기준으로 만들지 않고, 이유도 모른 채 다른 원리를 반영한 시스템을 도입해서는 곤란하다. 우리나라의 시스템에는 미국, 일본, 유럽 등 다른 나라에서 활용하는 시스템을 하나의 문제에 도입한 사례가 많다. 원자력 관련 법제도는 과거 일본 법제도의 번역 수준에서 출발하여 미국 법제도를 많이 반영했고, 최근에는 유럽 법제도까지 반영하여 원칙과 철학이 없다는 비판을 받는다.

국가의 경도와 시간

세계 각 지역의 표준시는 영국의 그리니치 천문대를 지나는 본초자오선을 기준으로 동쪽으로는 경도 15도마다 1시간씩 빨라지고, 서쪽으로는 경도 15도마다 1시간씩 느려진다. 경도를 따라 동서로 진행하면 본초자오선의 정반대에 있는 경도 180도를 중심으로 한 날짜변경선을 기준으로 동쪽으로 건널 때는 날짜에서 하루를 빼고, 서쪽으로 건널 때는 하루를 더한다. 같은 나라에서 날짜가 다르면 생활하는 데 여러 가지 불편하므로 날짜변경선은 경도 180도를 중심으로 하되, 육지를 피해 일부 휘게 그려졌다. 세계 각국의 표준시는 일반적으로 협정세계시UTC를 기준으로 '−12시간'부터 '+12시간'까지 분포되지만 '+13시간', '+14시간'을 사용하는 나라도 있다. 동서로 넓게 펼쳐진 오세아니아의 섬나라 키리바시는 '+12시간', '+13시간', '+14시간'의 시간대

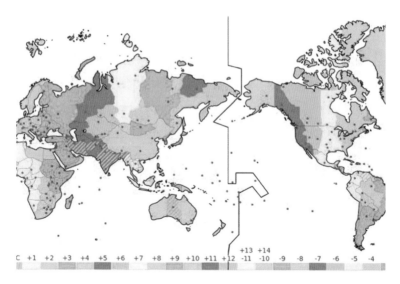

날짜변경선

를 사용해 한 나라이지만 지역에 따라 달랐던 날짜를 같게 했다. 그리고 새해를 가장 먼저 맞이하는 나라가 되었다. 어떤 시간대를 사용할지는 각국의 정치 문화적 선택에 달려 있다. 예를 들어 러시아는 11개, 미국은 9개(본토에 4개)의 시간대를 사용한다. 중국은 다섯 시간대에 걸치지만 북경을 중심으로 '+8시간'의 단일 시간대를 사용한다. 대부분의 국가가 UTC를 기준으로 +, − 정수 시간대를 사용하지만 미얀마, 베네수엘라, 북한, 스리랑카, 아프가니스탄, 이란, 인도 등 7개국 이상에서 '시간+30분'의 시간대를 사용하고, 네팔은 '시간+45분'의 시간대를 사용한다. 사모아는 과거 미국과의 경제활동이 밀접하던 때는 미국과 같은 날짜를 사용하기 위해 '−11시간'을 사용했으나, 근래에 와서 경제, 정치적으로 더 밀접한 호주, 뉴질랜드와 같은 날짜를 사용하기 위해 2011년 '+13시간'으로 표준시를 변경했다. 우리나라는 대한제국 시절인 1908년 4월 1일, 우리나라의 중심을 지나는 동경 127도 30분 기준인 'UTC+8시간 30분'을 한국 표준시로 처음 시행했으나, 일제 강점기인 1912년 일본과 같은 동경 135도가 기준인 '+9시간'으로 변경했다. 광복 이후 1954년 3월 21일 '+8시간 30분'으로 복원했다가 1961년 8월 7일 다시 '+9시간'으로 변경하여 오늘에 이른다. 북한은 '+9시간'을 사용하다가 2015년 8월 15일 '+8시간 30분'으로 변경했다. 우리나라 국회에서도 표준시를 한국인의 생활 리듬에 맞는 기준인 'UTC+8시간 30분'으로 바꿔야 한다는 법률 개정안이 여러 차례 발의되었으나 법률 개정으로까지 이어지지는 않았다.

한 줄 서기 문화를 만드는 법

과거 우리나라에서는 한 줄 서기 문화가 없어서 버스 정류장이나 공중화장실은 물론 은행이나 관공서에서 서비스를 제공하는 창구 등 사람들이 많이 모이는 곳은 거의 북새통을 이루었다. 정부와 시민 단체에서 '줄 서기'와 관련한 공익광고를 하고 줄 서기 운동을 벌여도 오랫동안 줄서기 문화가 자리 잡지 않았다. 그런데 어느 순간 줄 서기 문화가 생기기 시작했다. 그 이유는 무엇일까? 줄 서기 문화에 적합한 틀과 기준이 하나씩 생기고, 그것이 다른 영역으로 확산되었기 때문이다. 그 변

화의 시작은 대기 번호표이다. 대기 번호표는 과학적으로 사람들을 한 줄로 세우는 시스템이다. 대기 번호표를 뽑지 않는 사람들, 즉 줄을 서지 않는 사람들이 손해를 볼 수밖에 없고, 원칙적으로 새치기가 가능하지 않는 시스템이다. 창구 앞에서 줄을 설 때도 여러 창구가 있으면 어디에 서는 것이 유리한지 눈치를 봐야 하지만 대기 번호표나 한 줄 서기는 그럴 필요 없게 한다. 은행에서 도입하기 시작한 대기 번호표가 공공기관은 물론 백화점 등 많은 사람이 이용하는 시설로 확산되었다. 대기 번호표가 아니더라도 공항이나 기차역에서는 한 줄로 서도록 인도하는 가이드라인을 설치했다. 이러한 것들로 우리나라에서 한 줄 서기가 확산된 것이다. 우리 사회가 가진 나쁜 시스템을 비난만 할 것이 아니라 그것을 바꿔 나갈 수 있는 틀과 기준을 고민하고 제시할 필요가 있다.

이치를 알아라

세상을 보는 눈은 법이 아니라 이치를 따라야 한다. 세상은 법 위에 있는 것이 아니다. 법이 아니라 이치대로 해야 한다. 상식에 맞지 않는 법은 바꿔야 한다. 이치에 맞지 않는 눈은 이치에 맞춰야 한다. 머리에 비판적 시각을 입력해야 한다. 너에게 제대로 된 상식을 알려 주어라.

해안선의 길이

유명한 패러독스 중에 해안선 패러독스coastline paradox가 있다. 한 나라

의 해안선 길이는 어떤 기준, 어떤 방법으로 측정하느냐에 따라 크게 차이가 난다. 예를 들어 영국 본토의 해안선을 100킬로미터짜리 자를 가지고 재면 해안선의 길이는 약 2,800킬로미터가 되고, 50킬로미터짜리 자를 가지고 재면 약 3,400킬로미터가 된다. 측정이나 계산 방식이 달라지면 결과도 달라진다. 또한, 섬의 해안선을 어떻게 처리하는가도 다른 결과를 가져온다.

관념의 문제?

차선을 어떻게 관리하는가만을 봐도 선진국인지 후진국인지를 알 수 있다. 운전하는 사람은 아마도 차선이 없는 곳에서 하는 운전이 얼마나 어려운지 잘 알 것이다. 엄밀하게는 사고를 내지 않고 빨리 운전하기 어렵다는 것이다. 후진국은 차선을 그릴 생각도 하지 못하는 나라부터 차선이 지워져도 주기적으로 다시 칠할 생각을 못하는 나라 등 여러 갈래가 있을 수 있다. 선진국에서는 차선을 잘 관리할 뿐만 아니라, 특정한 지역을 정해 일부러 차선을 없애는 나라도 있다. 차선을 없애서 도로를 차량의 소유물에서 사람과 차량이 공유하는 장소로 만들기 위해서이다. 차선이 없어지면 운전자는 차량의 속도를 낮추고, 보행자를 더 조심하기 때문이다.

　우리나라는 밝은 날에는 선진국이고, 비가 오는 밤이면 후진국인가? 차선의 시인성visibility, 즉 차선을 쉽게 식별할 수 있도록 규제를 하지만 규제가 잘 안 지켜지고, 또 규제의 기준이 낮아 비가 오는 밤이면 차선이 없는 것과 마찬가지이다. 시인성이 높은 페인트에 빛을 반사하는 유리 가루를 썩어 차선을 칠해야 하는 것을 지키고, 비 오는 밤에도 차선을 볼 수 있도록 차선에 도로 표지병을 설치하는 규제를 도입해야 한다. 도로의 차선은 노트의 줄과 같다고 생각한다. 필요에 따라서는 줄이 없는 노트가 필요하지만 줄이 없는 노트에 글을 반듯하게 빨리 쓰는 것은 많이 훈련하지 않은 사람에게는 어렵다.

동해는 East Sea다?

동해의 명칭에 관하여 우리나라와 일본이 다투고 있다. '동해East Sea'와 '일본해Sea of Japan'를 두고 국제사회에서 경쟁하는 것이다. 우리 마음에서야 동해라고 불러 주기를 바란다. 하지만 동해라고만 하면 다른 나라 사람들이 한국의 동해로 인식할 수 있을까? 많은 나라에서 일본해라고 쓰고, 국제관계에 인식이 있는 기관 정도에서 동해와 일본해를 함께 병기한다. 시간이 아까운 방송이나 지면이 아까운 신문에서는 두 명칭을 병기하기 싫어한다. 구글맵과 같은 지도 검색에서도 일본해로 나오다가 지역을 크게 확대해야 일본해(동해)로 나온다. 필자는 서양의 고지도에 나온 것과 같이 한국해Sea of Korea로 하자고 국제사회에 설명하고 주장하든지, 동중국해East China Sea, 남중국해South China Sea처럼 한국동해East Sea of Korea나 동한국해East Korea Sea로 하자고 하는 것이 장기

적으로 우리 명칭을 지킬 수 있는 길이라고 생각한다. 유엔지명표준화 회의UNCSGN에서 한국은 동해, 북한은 한국동해, 일본은 일본해를 주장한다. 국제수로기구IHO에서는 아직 우리나라의 주장을 받아들이지 않는다.

대한해협Korea Strait과 쓰시마해협Tsushima Strait(대마도해협)의 명칭 싸움에서 대한해협이 이기는 이유를 생각해 볼 필요가 있다. 한반도와 일본의 큐슈 사이의 해협을 일본에서는 쓰시마해협이라고 써도 국제사회에서는 대한해협이라고 한다. 지도에서와 같이 국제사회에서는 대한해협의 일부, 대마도의 오른쪽 부분만을 쓰시마해협이라고 한다.

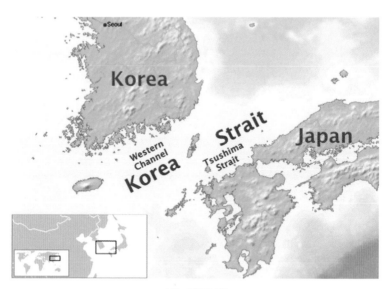

출처 : 위키피디아

재정의의 문제?

앞에서 살펴본 바와 같이 어떤 것의 결과를 예측할 때 가장 중요한 것은 초기 조건과 인과관계이다. 어떤 문제를 파악했다고 하면 그 문제의 초기 조건은 이미 주어진 것이다. 인과관계는 많은 사람이 어떻게 생각하는지와 관련된다. 따라서 이것은 관성으로 굴러간다. 이것을 바꾸기 위해서는 관성을 뛰어넘는 힘을 쓰든지, 경계를 넘어 다른 영역으로 가는 방법밖에 없다. 사회적인 사건에서는 경계를 바꿔서 초기 조건과 인과관계를 새로 정의할 수 있다. 우리 동해에 관한 국제사회의 인정 문제나 우리 사회에 좋은 사회시스템을 정착시키는 문제 등에 관한 해결책을 찾을 때 생각해 볼 수 있는 이치라고 생각한다.

통계에
속지
말라

영국 수상이었던 벤저민 디즈레일리Benjamin Disraeli는 "거짓말에는 세 종류의 거짓말이 있다. 그것은 거짓말, 빌어먹을 거짓말, 그리고 통계이다"라고 말했다. 사람은 숫자에 약하다. 숫자로 제시하면 잘 믿는 경향이 있다는 말이다. 전문가에도 약하다. 전문가가 말하면 잘 먹힌다. 따라서 전문가가 숫자로 말하는 통계를 사람들이 쉽게 신뢰하는 것은 어쩌면 당연하다. 하지만 통계를 이해하지 못하면서 통계를 믿는 것은 극단적으로 말하면 사이비 종교를 믿는 것과 같다. 통계 데이터를 그래프로 나타내어 상승률이나 하락률을 보여 줄 때 가장 주의 깊게 살

퍼봐야 할 것이 Y축의 단위와 그래프의 중간을 생략했다는 것을 나타내는 물결선(≈)이다. 이것을 생각하지 않으면 작성자가 원하는 대로 그래프에 속는다. 《새빨간 거짓말, 통계》라는 책까지 있을 정도로 통계를 가지고 장난을 칠 수 있는 여지가 많다. 통계에서 가장 많이 사용하는 것이 대푯값(평균, 최빈값, 중앙값 등)과 산포도(분산, 표준편차 등)이다. 1차적인 통계 대푯값인 평균을 생각해 보자.

평균 의미 있다

2년 차 징크스sophomore jinx라는 말이 있다. 예를 들면 프로야구에서 데뷔 원년에 신인왕을 받은 선수의 2년 차 성적은 전년만 못하다. 우리나라 통계로는 명확하게 드러나지 않지만 선수층이 두꺼운 미국의 메이저리그 통계는 이 말을 잘 증명한다. 또한 〈스포츠 일러스트레이티드〉의 저주라는 말도 있다. 미국 스포츠 주간지 〈스포츠 일러스트레이티드〉의 표지 모델로 나온 선수들은 곧 부진하거나 추락한다는 저주가 있다. 이것은 평균으로의 회귀라는 통계 현상으로 이해할 수 있다. 평균으로의 회귀는 어떤 변수가 첫 번째 측정에서 극단적인 경우 두 번째에는 평균에 근접하는 경향이 있다는 것이다. 이 개념은 4장(나는 아버지보다 친구와 더 닮았다)에서 살펴본 회귀분석이라는 통계학의 한 분야가 시작될 때부터 알려졌다. 데뷔 원년에 신인왕을 받은 선수는 운이 좋아서, 아니면 여러 가지가 맞아떨어져서 그해 데뷔한 선수 중

브레인 샤워

특별히 좋은 성적을 거둔 것이기 때문에 다음 해도 전년과 같이 운이 좋기는 어렵다. 스포츠 주간지의 표지 모델로 나오는 선수는 이미 최고의 성취를 한 것으로 이제 더 오르기는 어렵다. 그래서 성적이 내려갈 수밖에 없는데 이를 저주로 생각한 것이다. 복권을 한 번 당첨되기도 어려운데, 두 번 연속 당첨되기는 "하늘의 별 따기"라는 것이다. 우리 옛 속담 "달도 차면 기운다"라는 말로도 이해할 수 있다.

달도 차면 기운다

주식, 부동산 등에 투자할 때 생각해야 할 기본 속담이 "달도 차면 기운다"이다. 17세기 네덜란드에서 일어난 튤립 투기 사건 Tulip mania을 들어 봤을 것이다. 튤립 투기가 최고조에 달했을 때는 튤립 구근 하나의 가격이 숙련된 장인의 10년 치 연봉 이상까지 올랐다고 한다. 상식적으로 가격은 수요와 공급으로 결정된다. 그래서 어떤 상품의 가격이 지속해서 상승하거나 하락하는 것과 같이 어떤 추세가 있을 수 있는 것은 사실이지만, 이를 넘어선 거품이 생기면 언젠가는 그 거품은 터지고 평균으로 돌아오려는 경향이 있다. 그리고 그 평균으로 돌아오려는 경향은 아주 힘이 세다. 거품이 터져 정상으로 돌아오거나 정책으로 어떤 목표치를 달성하려고 할 때 그 값을 곧바로 달성하기 힘들다는 점도 기억해야 한다. 많은 경우에 오버슈팅이나 언더슈팅을 한다. 주식 투자를 할 때 개별 종목에 투자하느냐 주가지수를 보고 인덱스

펀드 등에 투자하느냐에 따라 달라지지만 기본적으로 평균의 힘이 세다는 것은 기억해야 한다.

습관이 인생을 바꾼다

습관도 평균과 같이 이해할 수 있다. 작심삼일作心三日이야말로 평균으로의 회귀를, 그리고 평균의 힘이 세다는 것을 잘 인식하게 한다. 아침 7시에 일어나던 사람이 5시에 일어나기로 마음먹었을 때 하루, 이틀은 일찍 일어날 수 있지만 신경 쓰지 않는 사이에 며칠 후면 원상태로 돌아간다. 마음먹는 것으로 습관을 바꿀 수 있다면 모든 사람이 인생에서 성공할 수 있을 것이다. 하지만 좋은 습관을 만들기 위해서는 뇌를 바꾸고 몸을 바꾸어 세포에 새겨야 한다. 습관을 바꾸기 위해서는 최소 21일이 필요하다, 66일 또는 100일이 필요하다는 연구도 있다. 습관을 바꾸는 데 정확히 며칠이 필요한지는 확신할 수 없지만, 습관을 바꾸기란 어렵다는 것을 누구나 동의할 것이다.

평균 의미 없다

다음의 이야기를 생각해 보자. 시애틀의 한 커피숍에 동네 손님 9명이 있다. 이 손님들의 평균 재산은 50만 달러이다. 이때 760억 달러 재산을 가진 빌 게이츠가 이 커피숍에 들어오면 손님들의 평균 재산은 갑

자기 약 76억 달러가 된다. 먼저 와 있던 9명의 평균 재산은 그것이 10만 달러이건 100만 달러이건 전체 평균에는 거의 영향이 없다. 빌 게이츠의 재산이 평균에 미치는 영향이 절대적이다.

매년 재산 공개가 끝나면 국회의원들의 평균 재산을 발표한다. 2013년 국회의원 재산변동 신고 내역에 따르면 2014년 2월 말 재산을 등록한 의원 295명의 평균 재산은 97억 5,670만 원이지만, 4대 재산가(정몽준, 김세연, 박덕흠, 안철수)를 제외하면 18억 690만 원이다. 4대 재산가를 포함해도 평균 재산 97억 원을 넘게 보유한 의원은 8명에 불과하다. 이는 특이점에 따라 좌우되는 평균의 특성을 잘 보여 준다. 특이점이 있는 많은 사회 현상에서는 평균은 의미 없다. 이러한 경우 평균보다 일렬로 세워 놓았을 때 중앙에 있는 것의 값, 즉 중앙값median을 대푯값으로 하는 것이 보다 바람직하다.

여러 학자들은 소득이 평균 소득을 중심으로 정규분포를 보이지 않는다는 것을 보였다. 네덜란드 경제학자 얀 펜Jan Pen은 1971년 저서 《Income distribution: facts, theories and policies 소득분배》에서 영국인들의 소득을 시각 이미지로 묘사했다. 소득을 키로 나타내어 평균 소득을 가진 사람이 평균 키를 가진 것으로 가정하고, 이 소득 순서대로 1시간 동안 모든 사람이 행진한다고 하면 30분이 지나도 평균 키를 가진 관찰자의 눈밖에 안되는 작은 사람이 지나가고 45분 정도가 되어야 평균 키를 가진 사람이 행진한다. 마지막에는 구두 뒷굽만도 수

십 미터에 달하는 거인이 행진한다. 이것을 펜의 행진Pen's Parade, 소득 행진the income parade, 또는 난쟁이들의 행진parade of dwarfs and a single giant 이라고 한다. 오늘날 미국이나 한국의 소득 분포를 그림으로 나타내도 이와 크게 다르지 않을 것이다. 재산에 있어서는 더 심각한 모양으로 난쟁이들의 행진이 이어질 것이다. 이러한 분포를 나타내는 통계에서 는 평균은 의미가 없다.

평균이 갖는 대푯값의 이러한 한계 등을 통계적으로 보완하기 위해, 대푯값을 중심으로 자료들이 흩어진 정도를 의미하는 산포도를 사용 한다. 산포도를 나타내기 위해 사용하는 대표적 통계량이 분산이나 표 준편차이다. 한 사회의 소득 불평도와 관련해서 중산층이 두꺼운 정규 분포 또는 종형의 소득분포와 양극화된 M자형 소득분포의 경우 평균 은 같아도 표준편차에서는 큰 차이가 있다. 두 국가의 평균 소득이 같 더라도 한 국가는 종형의 소득분포를 나타내고, 다른 국가는 M자형 소득분포를 나타내면 두 국가의 소득 불평등도는 엄청난 차이가 난다. 즉, 평균은 의미 없다.

상트페테르부르크의 역설St. petersburg paradox이 있다. 인간은 평균에 기 대어 의사 결정을 하지 않는다는 것을 보여 주는 대표적인 역설이다. 이 역설은 사촌 니콜라우스 베르누이Nicolaus II Bernoulli가 처음 제기했 고, 다니엘 베르누이Daniel Bernoulli가 상트페테르부르크 도박장의 게임을 가정하여 문제를 제기하고 설명했다.

게임은 다음과 같다. 앞면이 나올 때까지 동전 던지기를 해서 n번째 앞면이 나오면 게임을 종료하고 2^{n-1}원을 상금으로 준다. 이 게임의 기댓값(E)을 계산하면 다음과 같이 무한대가 된다. 첫 번째 시도에 앞면이 나올 확률 $(1/2)$과 상금 1원, 두 번째 시도에 처음 앞면이 나올 확률 $(1/2)^2$과 상금 2원, 세 번째 시도에 처음 앞면이 나올 확률 $(1/2)^3$과 상금 2^2원…, 계속 더하면 무한대가 된다.

$$E = \frac{1}{2} \times 1 + \left(\frac{1}{2}\right)^2 \times 2 + \left(\frac{1}{2}\right)^3 \times 2^2 + \left(\frac{1}{2}\right)^4 \times 2^3 + \cdots + \left(\frac{1}{2}\right)^n \times 2^{n-1} + \cdots$$
$$= \frac{1}{2} + \frac{1}{2} + \frac{1}{2} + \frac{1}{2} + \cdots + \frac{1}{2} + \cdots = \infty$$

게임의 기댓값이 무한대인 이 게임에 참가비를 10,000원만 받아도 이 게임에 참가하는 사람은 거의 없을 것이다. 이 경우 게임에 참가할지 여부를 결정하는 데 평균 수익인 기댓값은 의미가 없다.

인간의 지능은 어머니로부터 유전되는가?

실제 지능을 정의하는 데 전문가들 사이에 합의도 없고, 지능을 문화와

정확히 분리하기도 어려우며, 또한 지능에 미치는 유전적 효과와 교육적 효과를 나누기도 어렵다. 그래서 자녀의 지능이 어머니와 아버지 중 누구의 유전적 형질로부터 더 많이 영향을 받는가를 논의하는 것은 쉽지 않다. 하지만 적어도 두 가지 면에서 자녀의 지능이 아버지보다는 어머니로부터 더 큰 유전적 영향을 받는다는 주장이 있다. 먼저 두뇌도 몸의 일부이고 두뇌가 작동하기 위해서는 에너지를 사용해야 하는데, 에너지 공급에 큰 영향을 끼치는 세포소기관으로 미토콘드리아가 있다. 자녀의 미토콘드리아는 아버지가 아니라 어머니로부터 물려받기 때문에 기본적으로 어머니의 영향을 많이 받는다.

다음으로 지능과 관련된 유전자의 많은 수가 X 염색체에 존재한다는 연구 결과가 사실일 경우이다. 인간은 23쌍, 즉 46개 염색체를 가지는데 마지막 성염색체에 따라 XY는 남성, XX는 여성으로 결정된다. 이처럼 남성은 X 염색체를 하나, 여성은 X 염색체를 두 개 갖는다. 지능과 관련된 유전자가 주로 X 염색체에 있어서 남성의 지능은 하나의 X 염색체에, 여성의 지능은 두 개의 X 염색체에 크게 영향을 받는다는 연구 결과가 있다. 남성은 X 염색체를 어머니에게 물려받고, 여성은 X 염색체 하나를 어머니에게서, 다른 하나를 아버지, 즉 원래 아버지가 친할머니에게서 물려받은 것을 다시 물려받는다. 이 연구 결과에 따르면 아들의 지능은 어머니, 딸의 지능은 어머니와 친할머니의 유전적 영향을 받는 것이다. 참고로 모든 X 염색체가 지능에 동일한 영향을 미친다고 가정하면 남녀의 평균 지능은 비슷하나, 남성 지능의 표준편차가 여성

지능의 표준편차보다 크다. 다시 말해, 남성이 여성보다 천재도 많고 바보도 많다. 또한 자녀가 평균적으로는 부모로부터 동일하게 영향을 받아도 X, Y 성염색체에 존재하는 유전자는 성별에 따라 부모 한쪽으로부터 받는 영향이 절대적일 수 있다.

시저, 루비콘강을 건너다

루비콘Rubicon강은 이탈리아 북부의 작은 강이다. 로마의 군인들은 로마로 돌아올 때 무장을 해제하고 루비콘강을 건너야 했다. 무장하고 루비콘강을 건넌다는 것은 로마에 대한 반역으로 여겨졌다. 기원전 49년 갈리아 원정에서 돌아오던 율리우스 시저는 "주사위는 던져졌다"라는 말을 하고 무장해제를 하지 않고 루비콘강을 건넜다. 시저는, 이 행위를 반란으로 여긴 원로원을 장악하고 공화정을 끝냈다. "루비콘강을 건너다"라는 것은 이제 되돌릴 수 없는 상황에 처했다는 표현으로 '기호지세騎虎之勢'와 비슷한 의미이다. 용수철과 같은 탄성체에서 변형의 정도가 작을 때 가해진 힘(F)과 용수철이 줄거나, 늘어나는 거리(x) 사이에는 비례관계가 성립한다. 즉, $F = -kx$가 성립한다. 여기서 k는 용수철상수 또는 탄성계수라고 한다. 하지만 탄성을 초과하면 더는 이 식이 성립하지 않는다. 평균도 마찬가지이다. 어떤 범위 내에서는 의미가 있지만 그 영역을 벗어나면 더는 의미가 없다.

베이즈주의자가 되라

일반적으로 통계학자를 빈도주의자frequentist와 베이즈주의자bayesian로 이분한다. 빈도주의자는 공평한 동전으로 동전 던지기를 할 때 앞면이 나올 확률은 0.5로 참된 확률 값이 있다고 가정한다. 동전 던지기를 100번 시행하여 앞면이 48번 나오면 유의수준 5퍼센트로 참된 확률 값이 0.5라는 가설을 기각할 수 없기 때문에 동전의 앞면이 나올 확률은 0.5라는 식으로 접근한다. 하지만 베이즈주의자는 참된 확률 값이 단 하나로 고정되기 보다는 확률변수random variable와 같이 분포로 존재한다고 생각한다. 따라서 사전에 어떤 확률분포에 대한 믿음을 가지다가, 실험한 후에 자신의 확률분포에 대한 믿음을 업데이트해 나가는 것이다. 빈도주의 방법론은 우리가 학교의 수업이나 사회의 여론조사 등에서 익숙한 통계 방법론이지만, 베이즈 방법론은 그렇지 않다. 베이즈주의자가 되라는 말이 빈도주의 방법론을 무시하라는 것이 아니다. 우리 사고가 너무 빈도주의 방법론에 치우쳐 있기 때문에 극단적으로 말하는 것이다. 또한 앞으로 4차 산업혁명, 인공지능, 머신 러닝machine learning, 불확실성 정량화uncertainty quantification 등 현실에서 베이즈 방법론이 해결해 주는 문제가 더 많아질 것이다.

50세 여성 A씨는 어느 날 우리나라 40세 이상 여성의 5퍼센트가 유방암에 걸린다는 뉴스를 봤다. 걱정이 된 A씨는 다음 날 병원에 가서 유방암 검사를 받으려고 했다. 검사하기 전 의사는 이 검사의 정확도가 90퍼센트라고 했다. 유방암 환자인 사람의 90퍼센트가 양성으로 나오고, 유방암 환자가 아닌 사람의 10퍼센트도 유방암 환자로 나온다는 것이다. 검사 결과 A씨는 양성이라고 나왔다. 실제 A씨가 유방암 환자일 확률은 얼마 정도일까?

1,000명의 40세 이상 여성이 있다고 하면 이중 950명은 환자가 아니고, 50명만이 환자이다. 환자가 아닌 950명 중 95명이 양성으로 나오고, 환자 50명 중 45명이 양성으로 나오기 때문에 총 양성으로 판정되는 사람은 140명이다. 그래서 A씨가 유방암 환자일 확률은 140분의 45이다. 이 검사에서 양성 판정을 받았어도 실제 암 환자일 확률은 약 32퍼센트 정도밖에 되지 않는다. 만약 인구 1퍼센트의 환자가 걸린 질병에 대

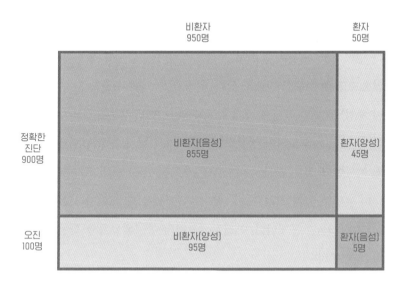

한 검사의 정확도가 90퍼센트라고 하면, 진단 결과 양성으로 판정된 경우 실제 환자일 확률은 8.3퍼센트에 불과하다.

　사람들은 보통 일찍부터 암 검사를 많이 받는 것이 좋을 것이라고 막연하게 생각한다. 하지만 그렇지 않은 경우가 많다. 2009년 미국 예방진료 특별위원회USPSTF는 검사 시 오는 스트레스와 심리적 고통, 위양성과 위음성의 단점을 생각했을 때 40세 이상의 여성이 선별 유방 촬영술 이상의 임상 유방 검진clinical breast examination을 받는 것을 권장하기 어렵다고 결론 내리기도 했다.

몬티 홀 문제

조건부 확률과 같은 개념에 익숙하지 않은 사람은 위의 예가 쉽지 않을 것이다. 하지만 베이즈 정리를 사용한 속임수 같은 것들은 종종 TV나 영화에도 나오고, 훈련하지 않으면 일상생활에서 잘못 판단할 수 있으므로 잘 이해할 필요가 있다. 원작 일본 만화와 일본 드라마 〈라이어 게임〉을 보면 이것의 예가 잘 나온다. 주머니에 카드 2장이 있는데, 한 장은 앞면이 조커인 정상적인 카드, 다른 한 장은 뒷면으로만 인쇄된 카드이다. 보지 않고 주머니에서 카드를 한 장 꺼내 탁자 위에 놓았더니 뒷면이 놓여 있었다. 이 카드를 뒤집었을 때 조커가 나올 확률은 얼마인가 하는 문제이다. 해답은 이 책의 참고해설에서 확인해 보기 바란다.

더 유명한 사례가 '몬티 홀 문제Monty Hall problem'이다. 1970년대 전후 미국 NBC 방송의 〈거래를 합시다Let's Make a Deal(Monty Hall)〉라는 퀴즈 쇼에서 진행자 몬티 홀이 출연자에게 상품이 있는 세 개의 방 중 하나를 선택하도록 한다. 하나의 방에는 자동차가 있고, 나머지 두 개의 방에는 염소가 있다. 출연자가 하나의 방을 선택하면, 어느 방에 자동차가 있는지 아는 몬티 홀은 우승자가 선택하지 않은 두 개의 방 중 염소가 있는 방문을 열어 보여 주면서 "당신이 선택한 방을 바꿔도 좋다. 바꾸겠는가?"라고 묻는다. 이때 선택한 방을 바꾸는 것이 자동차를 받을 확률을 높이는지가 이 문제의 요지이다.

방이 세 개 있는데 그중 하나에 자동차가 있고 나머지 두 곳에 염소가 있다. 문을 열었을 때 자동차가 있을 확률은 3분의 1이다. 퀴즈 참가자가 1번 방을 찍었다. 이때 '자동차가 어디에 있는지 아는' 홀이 3번 방을 활짝 열었고 염소가 모습을 드러냈다. 그리고 홀이 참가자에게 물었다.

"선택을 바꾸시겠습니까?"

각 방에 자동차(C)가 있을 확률은 3분의 1로 똑같고 〔$P(C1) = P(C2) = P(C3) = 1/3$〕), 참가자가 일단 1번 방을 선택한 뒤 진행자가 3번 방을 열었기 때문에 (따라서 3번 방은 아니다) 1번 방과 2번 방에 자동차가 있을 확률이 2분의 1로 똑같을 것 같다. 따라서 굳이 선택을 바꿀 필요는 없을 것 같다. 바꿔도 기대 확률은 마찬가지이기 때문이다.

그러나 놀랍게도 정답은 2번 방으로 선택을 바꾸는 것이다. 이 경우 맞출 확률이 3분의 2로 2배나 높아지기 때문이다. 이것에 전문가들도 이해할 수 없다는 반응이 있었다. 몬티 홀 문제의 핵심은 참가자가 새로 얻은 정보(3번 방에는 자동차가 없다)를 어떻게 추론에 반영하느냐 하는

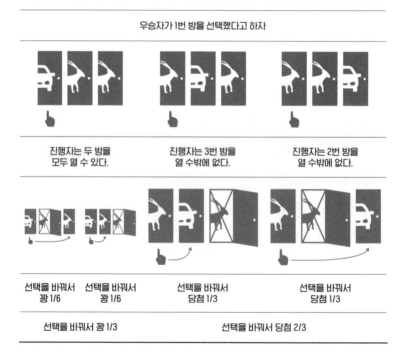

것이다. 이때 베이즈 정리를 쓰면 선택을 바꿔야 하는 이유가 깔끔하게 설명된다. 새로운 정보, 즉 진행자가 3번 방을 열었을 때(O3) 1번 방에 자동차가 있을 확률은 다음의 베이즈 정리로 나타낼 수 있다.

차가 1번에 있다면 진행자는 2번이나 3번 방을 열 수 있다. 따라서 $P(O3|C1)$는 2분의 1이다. 한편 참가자의 관점에서 자기가 1번 방을 선택했기 때문에 진행자는 2번이나 3번 방을 열 수밖에 없으므로 $P(O3)$ 역시 2분의 1이다.

이제 진행자가 3번 방을 열었을 때(O3) 2번 방에 자동차가 있을 확률을 베이즈 정리로 구해 보자. 베이즈 정리를 사용하기 위해서는 먼저 조건부 확률을 알아야 한다. 조건부 확률, $P(A|B)$는 어떤 사건 B가 일어났을 때 사건 A가 일어날 확률을 의미한다. 사건 A가 발생할 확률은 사건 B의 영향을 받아 변하는데 이를 조건부 확률이라 한다. 확률공간 Ω에서의 두 사건 A, B에 대하여 $P(B) > 0$일 때, $P(A|B) = P(A \cap B)/P(B)$이다. 여기서 $P(A \cap B) = P(A|B)P(B) = P(B|A)P(A)$이다. 따라서, 차가 2번에 있다면 진행자는 3번 문을 열 수밖에 없고 $P(O3|C2)$는 1이다. 결국 홀이 3번 문을 열고 난 뒤, 즉 새로운 정보가 알려진 뒤 2번 방에 자동차가 있을 확률은 3분의 2로 2배 높아진다는 말이다. 따라서 참가자가 자신의 감을 믿지 않고 순전히 확률이 높은 쪽을 택하기로 했다면 무조건 2번으로 선택을 바꿔야 한다.

$$P(C2|O3) = P(O3|C2)P(C2)/P(O3) = 1 \times (1/3)/(1/2) = 2/3$$

우리 뇌는 급변하는 세상에서 축적된 정보를 최대한으로 활용하여 의사 결정을 내리게 되어 있다. 변화에 대응하기 위해서는, 끊임없이 들어오는 정보를 지속해서 반영하는 베이즈 정리를 합리적으로 의사 결정에 반영해야 한다. 아는 정보에 새로 습득한 정보를 반영해 사후 확률을 예측하고 결정을 내린다. 사후 확률은 다시 업데이트된 이전 정보가 되고 여기에 또 다른 정보가 추가되면 사후 확률이 다시 계산된다. 우리가 주변 세상의 변화에 적응해 살아갈 수 있는 것은 뇌가 끊임없이 들어오는 정보를 베이즈 정리의 방식으로 반영하면서 자신을 업데이트하기 때문이다.

베이즈주의자가 되는 방법

베이즈주의자가 된다는 것은 먼저 우리가 생활하면서 지속해서 획득하는 새로운 정보의 정확성을 끊임없이 확인하는 것이다. 그 정보의 정확성에 대해 확률적인 판단을 내리고, 새로운 정보에 따라 기존 믿음(확률)을 강화하거나 약화하는 등 생각을 지속해서 교정한다는 것이다. 한번

브레인 샤워

옳다고 생각한 것을 끝까지 바꾸지 않고 우기지 않는 것뿐만 아니라 너무 쉽게 생각을 이쪽저쪽으로 바꾸지 않아야 한다.

추측이나 이야기를 제대로 확인하지 않고 사실인 것처럼 믿는 예가 많다. 아인슈타인은 범신론자 또는 무신론자라는 것이 일반적인 사실이다. 하지만 아인슈타인이 신God에 대해 언급한 것을 예로 들면서 아인슈타인을 기독교인이었다고 하는 경우가 많이 있다. "과학을 공부할수록 더 하나님을 믿게 된다." "하나님은 세상을 가지고 주사위 놀음을 하지는 않으신다."

여론조사에서도 마찬가지이다. 《리터러리 다이제스트》주간지는 여론조사 결과 1936년 미국의 대선에서 공화당 후보 알프레드 모스먼 랜던이 승리할 것이라고 발표했지만, 결과는 민주당 후보 프랭클린 D. 루스벨트가 승리했다. 이때도 갤럽은 루스벨트가 당선될 것이라고 예측했었다. 여론조사가 틀리는 경우도 종종 있다. 하지만 제대로 된 여론조사 기관은 지속적으로 대중의 특성을 반영해 여론조사 방법을 바꿈으로써 정확성을 유지하려고 노력한다. 즉 틀린 여론조사보다는 맞는 여론조사가 더 많다고 생각하는 것이 합리적이다.

신문에 나온 것을 다 믿지는 말자. 삼양라면의 우지牛脂파동이나 포르말린 통조림 사건, 김영애 황토팩 중금속 검출 사건처럼 회사에 치명상을 입히거나 심지어 망하게까지 한 검찰의 조사와 정부의 발표, 언론의 보도가 나중에 잘못된 것으로 드러난 사례나 거꾸로 한국의 가

습기 살균제, 1950~1960년대 독일의 탈리도마이드처럼 정부가 안전하다고 허가를 내준 것이 나중에 시민의 안전에 위험을 초래한 사례가 국내외에 많다. 또한, 정부가 하겠다고 한 발표는 말 그대로 하겠다는 것이지 아직 한 것은 아니다. 정부가 일부러 거짓말을 하는 경우는 많지 않겠지만 국회의 입법 과정 등 상황 변화에 따라 시간이 지체되거나 하지 못하는 경우도 있다는 것을 알아야 한다.

《촘스키처럼 생각하는 법》은 미디어에 비판적으로 접근하기 위한 31개의 전략을 제시한다. 대표적인 전략을 예로 들면, 균형 잡힌 속임수를 경계하라, 뉴스를 분석하라, 기자를 분석하라, 제목을 눈여겨보라, 출처를 확인하라, 도시 전설을 믿지 말라, 정기적으로 확인하라, 비교하라, 의문을 제기하라, 전문가의 소속을 추적하라, 주기적으로 다른 곳에서도 정보를 구하라, 선입견을 버려라, 누구에게나 고유한 가치관과 선입견이 있다는 것을 기억하라 등이 있다. 이런 것들을 항상 지킬 수 있다면 촘스키보다 더 비판적으로 생각할 수 있을 것이다.

브레인 샤워

 나가는 글

"나는 보는 법을 배우고 있다. (…) 내가 벌써 말했던가? 보는 법을 배우고 있다고. 그렇다. 나는 시작하고 있다. 아직은 잘 안 된다. 그러나 내 시간을 잘 이용해 보려 한다."

– 라이너 마리아 릴케, 《말테의 수기》

보는 법은 눈으로 보는 방법이 아니다. 두뇌로 보는 방법이다. 나는 어떤 생각을 가지고 세상을 바라보고 있는가? 객관적으로 보고 있는가? 사랑을 가지고 보고 있는가? 전체적으로 보고 있는가? 깨어 있는 두뇌로 보고 있는가?

몸의 때처럼 두뇌에 낀 굳어진 생각, 즉 고정관념을 어떻게 씻어 낼까? 경험과 교육 등으로 입혀진 두뇌의 옷을 어떻게 하면 벗고 처음

브레인 샤워

으로 되돌아 갈 수 있을까? 경험하지 말자는 말이 아니다. 경험은 중요하다. 하지만 내가 한 경험을 전부로 생각해서는 안 된다. 교육을 받지 말자는 말이 아니다. 교육은 중요하다. 고정관념을 만드는 교육뿐만 아니라 고정관념을 부수는 교육도 필요하다. 남들이 문제를 풀 때 문제를 내고, 남들이 차이점을 발견하려고 할 때 공통점을 발견하려고 하고, 남들이 그렇다고 할 때 아니라고 하는 것은 어떨까?

고정관념과 같은 생각의 함정에 빠지는 이유는 무엇일까? 먼저, 난 고정관념이 없어, 난 고정관념에 안 빠져와 같은 자만 때문이다. 겸손하게 자신과 세상을 바로 보지 않으면 누구든지 어느 순간 함정에 빠질 수 있다. 이 세상에는 모르는 것조차 모르는 일이 많다. 이렇게 알지 못하는 많은 것이 있다고 인정하는 것에서 출발해야 한다. 또한 부주의하면 생각의 함정에 빠질 수 있다. 함정에 주의를 기울이도록 생각의 방식을 시스템화해야 하고, 주기적으로 시스템을 점검해야 할 것이다. 이러한 생각의 함정은 남이 만들어 놓은 것도 있지만, 부지불식간에 자신이 만드는 것도 있다. 수수께끼를 들었을 때 자신이 만드는 불필요한 가정과 같은 것이다.

> 1. 모든 것은 나를 바로 아는 것에서 출발해야 한다. 객관적으로 나를 평가한다는 것은 불가능하지만 그러려고 노력하자.

2. 다른 사람도 나와 비슷한 능력과 한계를 가지고 있다. 또한 개인차를 인정해야 한다. 역지사지의 태도를 갖고 다양성을 인정하자.

3. 나와 너는 연결된다. 세상 만물은 연결된다. 관계성을 인식하자.

4. 만물은 변한다. 나도 변한다. 변화를 기억하고 예상하자. 변하지 않는 것이 있을까?

5. 상식을 넓히자. 하지만 상식이라는 이름을 조심하자. 비판적으로 세상을 바라보자. 주어진 정보의 정확성을 항상 확인하려고 노력하고 그에 따라 내 생각을 조정하겠다는 생각의 유연성을 갖자.

나도 세상과의 접촉을 넓혀 생각의 지평을 넓히는 데서 한걸음 나아가 세상에 대한 깊이 있는 탐구로 생각의 깊이를 더해 보려 한다. 어제 샤워했어도 땀을 흘리고 먼지를 쓴 후에 오늘 또 샤워한다. 내 몸을 샤워하는 것처럼 내 브레인도 주기적으로 샤워하려 한다.

브레인 샤워

참고 자료

- 게르트 기거렌처, 《생각이 직관에 묻다》, 추수밭, 2008.
- 고영규, 《학교야 일어나라》, 자유지성사, 2003.
- 고지마 히로유키, 《세상은 수학이다》, 해나무, 2008.
- 공자, 《군자를 버린 논어》, 루페, 2016.
- 권대영 외, 《고추이야기》, 효일, 2011.
- 김용운·황경식, 《트윈학습법》, 조선일보사, 1997.
- 나심 니콜라스 탈레브, 《블랙 스완》, 동녘사이언스, 2008.
- 나심 니콜라스 탈레브, 《행운에 속지 마라》, 중앙북스, 2016.
- 노나카 이쿠지로 외 5인, 《전략의 본질》, 비즈니스맵, 2006.
- 노르망 바야르종, 《촘스키처럼 생각하는 법》, 갈라파고스, 2010.
- 대니얼 코일, 《탤런트 코드-재능을 지배하는 세 가지 법칙》, 웅진 지식하우스, 2009.
- 데이비드 허친스, 《네안데르탈인의 그림자》, 바다출판사, 2001.
- 데이비드 허친스, 《레밍 딜레마》, 바다출판사, 2001.
- 라이너 마리아 릴케, 《말테의 수기》, 열린책들, 2013.
- 마샤 브라운, 《돌멩이 수프》, 시공주니어, 2007.
- 박정기, 《어느 할아버지의 평범한 이야기》, 아름다운날, 2010.
- 빌 브라이슨, 《발칙한 영어 산책 MADE IN AMERICA》, 살림, 2009.
- 손춘익, 《도도새와 카바리아 나무와 스모호 추장》, 다림, 2004.

- 송해룡 외, 《한국 실패 사례에서 배우는 리스크 커뮤니케이션 전략》, 커뮤니케이션북스, 2015.
- 수지 웰치, 《10-10-10 인생이 달라지는 선택의 법칙》, 북하우스, 2009.
- 서울대학교 철학사상연구소 엮음, 《데카르트에서 들뢰즈까지-이성과 감성의 철학사》, 세창출판사, 2015.
- 시오노 나나미, 《로마인 이야기 2: 한니발 전쟁》, 한길사, 1995.
- 앤디 헌트, 《실용주의 사고와 학습》, 위키북스, 2010.
- 앨리스 헤인스, 《디드로 딜레마Time Money Happiness》, 용오름, 2008.
- 와이즈멘토(서울대 휴먼인터페이스 시스템 연구실), 《매뉴얼 공부법》, 동아일보사, 2011.
- 왕춘용, 《왜 부패한 정치가가 잘 나갈까》, 영진미디어, 2009.
- 우치다 타츠루, 《하류지향》, 열음사, 2007.
- 이범, 《공부에 反하다》, 한스미디어, 2006.
- 이상영, 〈한국 국민의 건강행태와 정신적 습관Mental Habits의 현황과 정책대응〉, 한국보건사회연구원, 2016.
- 이시형, 《공부하는 독종이 살아남는다》, 중앙북스, 2009.
- E.H. 카, 《역사란 무엇인가》, 까치, 2015.
- 정병호, 김찬호, 이수광, 이민경, 《교육개혁은 왜 매번 실패하는가》, 창비, 2008.
- 정민, "정민의 世說新語", 《조선일보》, 2010.8.26, A30면.
- 제임스 서로위키, 《대중의 지혜》, 랜덤하우스코리아, 2005.
- 조앤 베이커, 《물리와 함께하는 67일》, 북로드, 2010.
- 존 L. 캐스티, 《대중의 직관》, 반비, 2012.
- 제프 콜빈, 《재능은 어떻게 단련되는가?》, 부키, 2010.
- 찰스 두히그, 《습관의 힘》, 갤리온, 2012, p. 285.
- 찰스 세이프, 《만물해독》, 지식의숲, 2016.
- 최현석, 《인간의 모든 감각》, 서해문집, 2009.
- 한국보건사회연구원, 〈한국 국민의 건강 행태와 정신적 습관의 현황과 정책대응〉, 2017.2.17.
- 한국심리학회, 〈심리학용어사전〉, 네이버 지식백과, 2014.
- EBS지식프라임 제작팀, 《지식프라임》, 밀리언하우스, 2009.
- L. 샌디 매이젤, 《미국인도 잘 모르는 미국 선거 이야기》, 한겨레출판, 2010.
- Thomas S. Ferguson, 〈Who Solved the Secretary Problem?〉, Statistical Science, Vol. 4, No. 3 (Aug., 1989), pp. 282-289.

- Daniel Bernoulli, 〈Exposition of a New Theory on the Measurement of Risk〉, Econometrica, Vol. 22, No. 1 (Jan., 1954), pp. 23-36.
- Science, New Series, Vol. 162, No. 3859 (Dec. 13, 1968), pp. 1243-1248.
- 미국의 인구 중심: https://www2.census.gov/geo/pdfs/reference/cenpop2010/centerpop_mean2010.pdf
- 대한해협: https://en.wikipedia.org/wiki/Korea_Strait#/media/File:Korea_Strait.png
- 새길. 2015. "제2강 지동설이 확립될 때까지", 새길이 찾아가는 작은 세상, http://saegil.tistory.com/719(검색일: 2016.10.11).
- EBS 클립 뱅크. 2010. "내귀에 들리는 소리," EBS, http://clipbank.ebs.co.kr/clip/view?clipId=VOD_20110309_C0364(검색일: 2016.9.8).
- Margaret, Rouse. 2011. "Mosquito teen repeller (Teen Buzz)," Whatis, http://whatis.techtarget.com/definition/Mosquito-teen-repeller-Teen-Buzz(검색일: 2017.2.7).
- Scientific American. 2009. "How does the way food looks or its smell influence taste?," https://www.scientificamerican.com/article/experts-how-does-sight-smell-affect-taste/ (검색일: 2017.4.8).
- Konica Minolta. 2013. "How Color Affects Your Perception of Food," http://sensing.konicaminolta.us/2013/01/how-color-affects-your-perception-of-food/(검색일: 2017.2.5).
- Josh, Jones. 2013. "Mark Twain Wrote the First Book Ever Written With a Typewriter," Open Culture, http://www.openculture.com/2013/03/mark_twain_wrote_the_first_book_ever_written_with_a_typewriter.html(검색일: 2015.4.19).
- Gurteen. "On hot stove lids by Mark Twain," http://www.gurteen.com/gurteen/gurteen.nsf/id/X0013E7D2/(검색일: 2016.7.1).
- 나무위키. 2017. "마지노 선," https://namu.wiki/w/%EB%A7%88%EC%A7%80%EB%85%B8%20%EC%84%A0(검색일: 2017.6.4).
- 홍익학당. 2015. "인문학의 결론 역지사지_2분(홍익학당)," https://www.youtube.com/watch?v=tT7rWJsp45I(검색일: 2017.4.12).
- Dan, Stuenzi. RISMedia. 2010. "The Secret to Real Estate Success: Wear a Red Shirt," RISMedia, http://rismedia.com/2010/09/06/the-secret-to-real-estate-success-wear-a-red-shirt/#close(검색일: 2015.6.16).
- 지식채널-e. 2008. "우주왕복선과 말 엉덩이," EBS, http://www.ebs.co.kr/tv/show?prodId=352&lectId=3013575(검색일: 2015.3.21).
- 아람. 2013. "아람세계명작요술램프 16.돌멩이 수프(영어 애니메이션)," https://www.youtube.

com/watch?v=KC-IDbuQylE(검색일: 2015.7.2).

- George, L. Kelling. and James, Q. Wilson. 1982. "Broken Windows," The Atlantic, https://
  www.theatlantic.com/magazine/archive/1982/03/broken-windows/304465/(검색일:
  2016.11.27).

- EBS 다큐프라임. 2009. "인간의 두 얼굴2 - 사소한 것의 기적," EBS, http://static.ebs.
  co.kr/images/bhp/docuprime/prev/prev_popup59.htm(검색일: 2014.11.16).

- 나무위키. 2017. "짚대 장자," https://namu.wiki/w/%EC%A7%9A%EB%8C%80%20
  %EC%9E%A5%EC%9E%90(검색일: 2017.6.12).

- 더드림. 2014. "물물교환 프로젝트-클립에서 2층짜리 저택까지," https://m.blog.naver.
  com/PostView.nhn?blogId=inojun&logNo=220041681263&proxyReferer=https%3A%2
  F%2Fwww.google.co.kr%2F(검색일: 2016.9.3).

- 김어준의 뉴스공장. 2017. "김어준의 뉴스공장(2017.1.19.)," TBS, http://tbs.seoul.kr/cont/
  FM/NewsFactory/replay/replay.do?programId=PG2061299A(검색일: 2017.1.22).

- 박성민. "[토요판] 박성민의 2017 오디세이아 (23) 문-안의 분열(마지막회)," 〈한겨레〉,
  2015.12.18., http://www.hani.co.kr/arti/politics/politics_general/722573.html(검색일:
  2016.12.17).

- Jadrian. 2002. "Survivor: 21 Flags," http://www.criticalcommons.org/Members/
  JJWooten/clips/survivor-21-flags(검색일: 2016.11.19).

- EBS 클립뱅크_올랑사키아부족의 나이 계산(영어 애니메이션) http://m.clipbank.ebs.co.kr/
  clip/view?clipId=VOD_20120502_00089 (검색일: 2016.8.17)

- 시사상식사전. 박문각. "사고," 네이버 지식백과, http://terms.naver.com/entry.nhn?docId=
  934022&cid=43667&categoryId=43667(검색일: 2015.5.6).

- MoonInGoogleEarth. 2009. "APOLLO 15 Hammer and Feather," https://www.youtube.
  com/watch?v=03SPBXALJZI(검색일: 2014.7.21).

- 여니수니. 2010. "'구상선수' 무엇에 쓰는 물건인고?," http://blog.daum.net/2012_
  expo/269(검색일: 2016.7.3).

- 강찬수, "어미 잡아 먹는 뱀' 살모사 알고보니," 〈중앙일보〉, 2013.1.1, http://news.joins.
  com/article/10309962(검색일: 2013.1.5).

- 서울동물원. "살모사," 네이버 백과사전, http://terms.naver.com/entry.nhn?docId=742291
  &cid=46680&categoryId=46680(검색일: 2013.1.5).

- Nobelprize. http://www.nobelprize.org(검색일: 2016.10.19).

- 권대영. "고추는 일본에서 오지 않았다," 2009.7.3, 〈농업인신문〉, http://www.nongupin.

co.kr/news/articleView.html?idxno=23626(검색일: 2017.3.14).

- Wikipedia. "Mpemba effect," https://en.wikipedia.org/wiki/Mpemba_effect(검색일: 2017.2.10).

- 경기도과학교육원. 2014. "다양한 조건변화에 따른 음펨바 현상에 관한 연구," https://www.gise.kr/upload/board/upFile/4700/62961/2014%EA%B3%BC%EC%A0%84-46.pdf(검색일: 2017.5.17).

- Wikipedia. "Coastline paradox," https://en.wikipedia.org/wiki/Coastline_paradox, https://en.wikipedia.org/wiki/List_of_countries_by_length_of_coastline(검색일: 2015.3.30).

- 다큐 프라임. 2012. "자본주의 5부. 국가는 무엇을 해야 하는가," EBS, http://www.ebs.co.kr/tv/show?prodId=348&lectId=3121882(검색일: 2017.2.24).

- Quora. 2016. "Do We Really Inherit Intelligence From Our Mothers?," Forbes, https://www.forbes.com/sites/quora/2016/09/28/do-we-really-inherit-intelligence-from-our-mothers/#53cdb4e125f5(검색일: 2017.3.8).

참고 해설

1. Thai 21

선발자가 우위를 갖는 게임이다. 선발자는 먼저 1개의 깃발을 가져간다. 이후 후발자가 1개의 깃발을 가져가면 3개, 2개의 깃발을 가져가면 2개, 3개의 깃발을 가져가면 1개를 가져가는 전략으로 대응하면 마지막 21번째 깃발을 선발자가 가져갈 수 있다.

2. 쌍둥이 역설

10광년 떨어진 별까지의 왕복 거리 20광년을 속도(v=0.8c)로 나누면 지구에서 볼 때 우주선이 별에 다녀오는 데 걸리는 시간은 25광년이 된다.

$$시간(t) = \frac{거리(s)}{속력(v)} = \frac{20}{0.8} = 25$$

$$\gamma = \frac{1}{\sqrt{1 - \frac{v^2}{c^2}}} = \frac{1}{\sqrt{1 - \frac{0.64c^2}{c^2}}} = \frac{1}{\sqrt{0.36}} = \frac{5}{3}$$

우주선에서의 1년이 지구에서의 3분의 5년과 같다.

$$t' = \gamma(t - \frac{vs}{c^2}) = \frac{5}{3}(25 - \frac{0.8 \times 20}{1}) = \frac{5}{3}(25 - 16) = 15$$

따라서 우주선의 시계는 15년이 흐르게 된다.

3. 라이어 게임

2장의 카드를 조커-뒷면A, 뒷면B-뒷면C로 생각해 보자. 한 장을 뽑아서 탁자에 놓았는데 뒷면이 나왔다는 것은 뒷면A, 뒷면B, 뒷면C 중에 한 면이 보인다는 것이다. 따라서 뒤집으면 뒷면A는 조커, 뒷면B는 뒷면C, 뒷면C는 뒷면B가 되어 조커가 나올 확률은 3분의 1이다. 〈라이어 게임〉에서는 이러한 상황에서 두 사람이 조커가 나오거나 뒷면이 나오는 것을 선택해서 누가 선택한 카드가 먼저 10번 나오는가로 승패를 겨룬다. 따라서 조커를 선택한 사람이 확률상으로는 지게 된다.

새로운 생각의 시작
브레인 샤워

초판 1쇄 발행 2017년 10월 20일

지은이 노경원
발행인 홍경숙
발행처 위너스북
경영총괄 안경찬
기획편집 김효단, 임소연

출판등록 2008년 5월 2일 제310-2008-20호
주소 서울 마포구 토정로 222, 201호(한국출판콘텐츠센터)
주문전화 02-325-8901

디자인 김종민
제지사 한솔PNS(주)
인쇄 영신문화사

ISBN 978-89-94747-83-5 03190

책값은 뒤표지에 있습니다.
잘못된 책이나 파손된 책은 구입하신 서점에서 교환해 드립니다.
위너스북에서는 출판을 원하시는 분, 좋은 출판 아이디어를 갖고 계신 분들의 문의를 기다리고 있습니다.
winnersbook@naver.com Tel 02)325-8901

이 도서의 국립중앙도서관 출판예정도서목록(CIP)은 서지정보유통지원시스템 홈페이지(http://seoji.
nl.go.kr)와 국가자료공동목록시스템(http://www.nl.go.kr/kolisnet)에서 이용하실 수 있습니
다.(CIP제어번호: CIP2017024986)